文史哲學集成

蔡宗陽著

文心雕龍探賾

文史哲出版社印行

國家圖書館出版品預行編目資料

文心雕龍探賾 / 蔡宗陽著. -- 初版. -- 臺北市 :
文史哲, 民 90
面; 公分. -- (文史哲學集成 ; 444)
含參考書目 ; 面
ISBN 957-549-359-1 (平裝)

1.文心雕龍 - 研究與考訂

820　　90006851

文史哲學集成 444

文心雕龍探賾

著　者：蔡　宗　陽
出版者：文　史　哲　出　版　社
登記證字號：行政院新聞局版臺業字五三三七號
發行人：彭　正　雄
發行所：文　史　哲　出　版　社
印刷者：文　史　哲　出　版　社
臺北市羅斯福路一段七十二巷四號
郵政劃撥帳號：一六一八〇一七五
電話 886-2-23511028・傳真 886-2-23965656

實價新臺幣 三五〇元

中華民國九十年二月初版

ISBN 957-549-359-1

序

章學誠以《文心雕龍》爲「體大慮周，籠罩群言」；「體大」可以陶冶萬彙，「慮周」可以「籠罩群言」。《文心雕龍》之內涵豐贍，冶經、史、子、集於一爐。誠屬「標心萬古，送懷千古」之精心傑作。

本書裒集十二篇論文，其中九篇皆是研討會論文。此九篇係：㈠從《文心雕龍》全書架構論劉勰的宗經觀（一九九五年十一月參加南京大學中文系主辦「魏晉南北朝國際學術研討會」論文）、㈡論《文心雕龍》與老莊思想之關係（一九九五年七月參加北京大學中文系與中國文心雕龍學會主辦「文心雕龍國際學術研討會」論文，此篇論文榮獲國科會甲種獎助）、㈢《文心雕龍》修辭理論對後世的影響（一九九三年六月參加香港中文大學中文系主辦「魏晉南北朝國際學術研討會」論文）、㈣《文心雕龍》的修辭技巧（此論文收錄《文心雕龍》國際學術研討會論文集，此研討會係日本九州大學中國文學會主編）、㈤《文心雕龍》的修辭義（二〇〇〇年四月參加江蘇鎮江市政府與中國文心雕龍學會主辦「文心雕龍國際學術研討會」論文）、㈥《文心雕龍》之對偶類型（一九九九年五月參加國立臺灣師範大學國文學系與中國語文學會主辦「文心雕龍國際學術研討會」論文）、㈦《文心雕龍》之反對類型（一九九九年六月參加「第一屆中國修辭學學術研討會」論文）、㈧《文心雕龍》中「道」字的涵義（一九九五年十二月參加臺南師院語教系與中國訓詁學會主辦「第二屆訓詁學學術研討會」論文）、㈨由劉勰六觀析論《文心雕龍》（一九九七年十月參加東海大學中文系主辦「魏晉南北朝國際學術研討會」論文）。此外，從《文心雕龍》與《昭明文選》析論辭賦之形構與評價，發表於國立臺灣師範大學國文系國文學報第十期；《文心雕龍研究》新舊版本之比較——爲感念 王師更生七秩嵩壽而作，發表於《慶祝王更生教授七秩嵩壽紀念文集》；文字探索與文學理論的關係——以《文心雕龍》爲例，發表於《徐文珊教授百歲冥誕紀念論文集》。

一九八九年六月以《劉勰文心雕龍與經學》爲題，撰寫博士論文，迄今已十二載。此書集結十二篇論文，眞是無巧不成書，平均每年發表一篇。至盼爾後賡續研究《文心雕龍》，平均每年至少能撰寫一篇論文。不求量的多寡，但求質的提高，這是提昇學術研究水準的圭臬。

蔡宗陽敬識

二〇〇一年二月於

國立臺灣師範大學國文學系

文心雕龍探蹟目錄

從《文心雕龍》全書架構論勰的宗經觀

一、前　言

《文心雕龍》是一部「體大慮周，籠照群言」①的中國文學思想、文學理論、文學批評的專書。由於「體大慮周」，因此陶冶萬彙，組織千秋；由於籠照群言，因此旁徵博引，集思廣益。職是之故，《文心雕龍》不止有儒家、道家、佛家的思想②，甚至於還有兵家的思想③，然「以經解經」，即以《文心》原文解《文心》原文，仍以儒家爲主，是以本文從《文心雕龍》全書架構論劉勰宗經觀。誠如包世臣《藝舟雙楫・敘》所云：「《文心雕龍》……推本經籍，條暢旨趣；大而全篇，小而一字，莫不以意逆志，得作者用心所在。」王師更生亦云：「劉勰既感於孔子垂夢而著《文心》，所以就從『文章乃經典枝條』出發，詳究文章的根源，以爲一切文章莫不由經典中來，所以他也就根據這個基準，論思想、論文體、論創作、論鑑賞，舉凡關係文學之事，無不以經典爲宗本。」④茲依全書五十篇、文學本原論、文學體裁論、文學創作論、文學批論、緒論爲序，闡析其與儒家經典之關係。

二、組織周全的全書五十篇

劉勰設計《文心雕龍》五十篇，是本乎《周易》的「大衍之數五十」，首篇〈原道〉援引《周易》加以論述，末篇〈序志〉亦引用《周易》加以闡析，可謂首尾圓合。正如《文心雕龍．序志》所云：

位理定名，彰乎大衍之數，其為文用，四十九篇而已。

《周易．繫辭上》云：「大衍之數五十，其用四十有九。」這是占筮的方法。劉勰「彰乎大衍之數，其爲文用，四十九篇而已。」這是劉勰撰《文心雕龍》全書的體例，末篇〈序志〉是緒論，其餘四十九篇論文學思想本源、文學體裁、文學創作、文學批評，因此「其爲文用，四十九篇而已」。總計全書五十篇，因此「大衍之數五十」。

「大衍之數五十，其用四十有九」，原來是《周易》占筮的方法，劉勰運用在文論上，而成爲「彰乎大衍之數，其爲文用，四十九篇而已」。《周易》所謂「大衍之數五十」，其五十的內容，衆說紛紜，不外乎三：㈠十天干、十二地支、二十八星宿，合計五十。㈡太極、兩儀、日月、四季、五行、十二月、二十四氣，共計五十。㈢天五地十相乘，也是五十。⑤一言以蔽之，占筮使用的五十根蓍草，是依據天地變化的數據。在占筮時，實際僅用四十九根，有一根不用，象徵太極。若以「有一根不用，象徵太極」，則「大衍之數五十」即「太極、兩儀、日月、四季、五行、十二月、二十四氣」。劉勰撰《文心雕龍》，好像將〈序志〉視爲「太極」。〈序志〉是總論，猶如太極；《文心雕龍》四十九篇（〈序志〉除外）猶兩儀、日月、四季、五行、十二月、二十四氣。因此，《文心雕龍》全書五十篇的數目與《周易．繫辭上》所云：「大衍之數五十」，是息息相關的，只是劉勰將《周易》的占筮的方法轉化為文學理論。《周易》是儒家重要經典之一，所以《文心雕龍》全書五十篇之數與儒家經典攸關。

三、文學思想的基本原理論

《文心雕龍》的文學思想的基本原理論，是指〈原道、徵聖、宗經、正緯、辨騷〉，此五篇也簡稱為「文原論」，這是從文學理論的結構體系而言。《文心雕龍．序志》云：

蓋《文心》之作也，本乎道，師乎聖，體乎經，酌乎緯，變乎騷，文之樞紐，亦云極矣。

此言《文心雕龍》寫作的內容，是本原於自然，取法於聖人，體驗於經典，酌取於緯書，變化於騷辭，此五項探討文學中心思想，可說是極為完備。所謂「本乎道」，即〈原道〉，旨在析論原道心敷章，研神理設教。所謂「師乎聖」即〈徵聖〉，旨在論述徵聖立言，文其庶矣。所謂「體乎經」，即〈宗經〉，旨在闡明經典是淵哉鑠乎，群言之祖。所謂「酌乎緯」，即〈正緯〉，旨在闡述緯書無益經典，有助文章。所謂「變乎騷」，即〈辨騷〉，旨在說明取鎔經旨，自鑄偉辭。「文之樞紐」，是劉勰的文學思想，此就作者的立場而言。

〈原道〉，即文學原於自然。陳兆秀說：

彥和文原於道的內容，既是自然之道，亦為儒家思想的聖人之道。⑥

陳氏認爲劉勰文原於道的主張，依文學理論言，就是「內容眞實合情合理」，「文辭感人自然流暢」；也就是《文心雕龍》所謂「寫天地之輝光，曉生民之耳目」（〈原道〉），「情者，文之經；辭者，理之緯」，「志思蓄憤，而吟詠情性」（〈情采〉）；此皆爲自然之道。自然之道，上自天文，下至地理，而人文參立其中，是故拓展自然之道以達極至，當然包容儒家之道。⑦依陳氏之論，〈原道〉與儒家思想是息息相關的。北京大學張少康教授認爲〈原道〉的「道」字，主要是繼承、發展荀子、《易傳》思想而來的。⑧荀子所說「道」，以儒爲主，兼包老莊之「道」。《易傳》是儒家經典，荀子也是儒家，因此〈原道〉與儒家思想是密不可分的。臺灣師大教授黃師慶萱認爲文學起源是模擬自然，模擬自然脫胎於《周易・繫辭下》：「古者包犧氏之王天下也，仰則觀象於天，俯則觀法於地，觀鳥獸之文與地之宜，近取諸身，遠取諸物，於是始作八卦。」黃師以爲《文心雕龍・原道》：「龍鳳以藻繪呈瑞，虎豹以炳蔚擬姿；有踰畫工之妙；草木賁華，無待錦匠之奇。」是空間藝術的淵源。〈原道〉：「林籟結響，調如竽瑟，泉石激韻，和若球鍠。」是形象藝術的起源。這兩種藝術都是從模擬自然現象而來的，因此〈原道〉與《周易》攸關，也跟儒家思想相關。依陳、張、黃三氏之說，《文心雕龍・原道》與儒家的經典，是極爲密切關係的。

所謂「師乎聖」，即〈徵聖〉，旨在「論文心徵於聖，窺聖必宗於經」，「徵聖立言，則文其庶矣」。劉勰認爲一個創作家或批評家必須有「積學以儲寶，酌理以富才」（〈神思〉）的主觀修養，這種主觀修養源於儒家的經典，因此，他特別重視聖人之教，〈徵聖〉云：

夫作者曰聖，述者曰明，陶鑄性情，功在上哲。夫子文章，可得而聞。則聖人之情，見乎辭矣。先王聲教，布在方冊；夫子風采，溢於格言。是以遠稱唐世，則煥乎為盛；近褒周代，則鬱哉可從。此政化貴文之徵也。

劉勰認爲聖人之教，藉文而傳，而文章又可以宣揚政教，因此說：「論文必徵於聖，窺聖必宗於經。」要立文，必須徵聖，這是以儒家的經義作爲文章的來源。⑨由此觀之，〈徵聖〉與儒家的經典，是密不可分的。

所謂「體乎經」，即〈宗經〉，旨在闡述文須宗經。〈宗經〉云：

《春秋》辨理，一字見義，五石六鷁，以詳略成文；雉門兩觀，以先後顯旨；其婉章志晦，諒已邃矣。《尚書》則覽文如詭，而尋理即暢；《春秋》則觀辭立曉，而訪義方隱。此聖文之殊致，表裡之異體者也。至於根柢槃深，枝葉峻茂，辭約而旨豐，事近而喻遠；是以往者雖舊，餘味日新，後進追取而非晚，前修久用而未先，可謂太山徧雨，河潤千里者也。

劉勰認爲文章是經典的枝條，並且文章的選輯、結構，也是源於經典的理則。⑩「五石六鷁」見於《春秋．僖公十六年》：「隕石於宋，五。六鷁退飛，過宋都。」《公羊傳》云：「曷爲先言隕，而後言石？隕石記聞，聞其磌然，視之則石，察之則五。曷爲先言六，而後言鷁退飛？記見也。視之則六，察之則鷁，徐而察之，則退飛。」劉勰以「詳略成文」、「先後顯旨」，即指「記聞」、「記見」的選輯結構的技巧表現。劉勰重視儒家經典，良有以也。〈宗經〉云：「三極彝訓，其書曰經。經也者，恒久之至道，不刊之鴻教也。故象天地，效鬼神，參物序，制人紀，洞性靈之奧區，極文章之骨髓者也。」誠哉斯言。

所謂「酌乎緯」，即酌採緯書的優點，作爲文學創作的張本。緯書雖無益經典，但有助文章。文章內容須純正，若不純正，則敗壞經典之形象，因此「按經驗緯」，緯書不得不正。辨正緯書，其僞有四：一是奇正不合。二是廣約不論。三是天人不符。四是先後不當。誠如〈辨正〉所云：「按經驗緯，其僞有四：蓋緯之於經，其猶織綜，絲麻不雜，布帛乃成，今經正緯奇，倍擿千里，其僞一矣。經顯，聖訓也；緯隱，神教也。聖訓宜廣，神教宜約，而今緯多於經，神理更繁，其僞二矣。有命有天，迺稱符讖，而八十一篇，皆託於孔子，則是堯造綠圖，昌制丹書，其僞三矣。商周以前，圖籙頻見，春秋之末，群經方備，未緯後經體乖織綜，其僞四矣。僞既倍擿，則義異自明，經足訓矣。緯何豫焉。」是以「文之樞紐」設〈正緯〉一篇，其來有目。〈正緯〉的目的，即所以「宗經」⑪，這是劉勰在中國文學思想上的眞知灼見，也是空前絕後的最大創新。因此，〈正緯〉與儒家經典，也是有密切的關係。

所謂「變乎騷」，是指《詩經》，走向《楚辭》，再到漢賦，《楚辭》是過渡的媒介；就《詩經》到《楚辭》，而《楚辭》是發生了轉變。《文心雕龍》設〈辨騷〉一篇，就「宗經的文學觀」而言，旨在辨析《楚辭》哪些是同乎風雅，哪些是異乎經典。⑫正如〈辨騷〉所云：「將覈其論，必徵言焉。

故其陳堯、舜之耿介，稱禹、湯之祗敬，典誥之體也；譏桀、紂之猖披，傷羿、澆之顚隕，規諷之旨也；虬龍以喻君子，雲蜺以譬讒邪，比興之義也。每一顧而掩涕，歎君門之九重，忠怨之辭也。觀茲四事，同於〈風〉、〈雅〉者也。至於託雲龍，說迂怪，駕豐隆，求宓妃，憑鴆鳥，媒娀女，詭異之辭也；康回傾地，夷羿彈日，木夫九首，土伯三目，譎怪之談也；依彭咸之遺則，從子胥以自適，狷狹之志也；士女雜坐，亂而不分，指以爲樂，娛酒不廢，沈湎日夜，舉以爲懽，荒淫之意也；摘此四事，異乎經典者也。」劉勰各舉四例，闡述同乎風雅，異乎經典。由此可知，〈辨騷〉與儒家經典是至爲密切的關係。

四、論文敍筆的文學體裁論

《文心雕龍》文學體裁論，〈明詩〉至〈書記〉，凡二十篇，此二十篇之架構，皆建立在「原始之表末，釋名以章義，選文以定篇，敷理以舉統」四大綱領上，此四大綱領，均淵源於經典。⑬不論敘述文體的流變，或闡述文體命名的涵義，列舉作家、作品，或析論各類文體的作法，都和經典有關。文體的來源，與經典也有關，見於〈宗經〉。〈宗經〉云：

> 故論、說、辭、序，則《易》統其首；詔、策、章、奏，則《書》發其源；賦、頌、歌、讚，則《詩》立其本，銘、誄、箴、祝，則《禮》總其端；紀、傳、盟、檄，則《春秋》為根。

文體論二十篇中的〈論說〉源於《易》，〈詔策、章表、奏啓〉源於《書》，〈詮賦、頌讚〉源於

《詩》，〈銘箴、誄碑、祝盟〉源於《禮》，〈史傳、檄移、書記〉源於《春秋》。此外，〈明詩、樂府、雜文、諧讔〉皆源於《詩經》，〈哀弔、封禪〉皆源於《禮》，〈議對〉源於《書》，〈諸子〉源於《五經》。⑭《文心雕龍》自〈明詩〉至〈諧讔〉，共十篇，叫做「文」，皆源於儒家經典。自〈史傳〉至〈書記〉，共十篇，叫做「筆」，亦源於儒家經典。由此可見，《文心雕龍》文體論二十篇均與儒家經典，是極為密切的關係。

五、剖情析采的文學創作論

《文心雕龍》的文學創作論，簡稱文術論，是由〈神思〉至〈總術〉十九篇，皆論情采並重。因此，剖情析采的文學創作論源於孔子「質勝文則野，文勝質則史，文質彬彬，然後君子」⑮的文質並重論。

王師更生認為「剖情」即「控引情源」，是指〈神思、體性、風骨、通變、定勢〉等五篇。⑯〈神思〉之「神」，蓋本乎《周易．說卦》：「神也者，妙萬物而為言也。」《孟子．盡心下》：「充實之謂美，充實而有光輝之謂大，大而化之之謂聖，聖而不可知之之謂神。」此言神妙神化，與劉勰所謂「文之思也，其神遠矣」，是息息相關的。〈體性〉言八體，疑出自《周易》八卦。李師健光認為八體中前五體的「典雅」、「遠奧」、「精約」、「顯附」、「繁縟」，源於五經；後三體的「壯麗」、「新奇」、「輕靡」則本於《楚辭》。⑰《風骨》：「《詩》總六義，風冠其首。」出自《詩

・序》：「《詩》有六義焉：一曰風，二曰賦，三曰比，四曰興，五曰雅，六曰頌。」〈通變〉：「文律運周，日新其業，變則堪久，通則不乏，趨時必果，乘機無怯。」源自《周易・繫辭下》：「《易》窮則變，變則通，通則久。」〈定勢〉：「舊練之才，則執正以馭奇；新學之銳，則逐奇而失正。」劉勰以合乎經典思想之文爲「正」，以標新立異之文爲「奇」，因此〈定勢〉「執正馭奇」之說，乃宗經思想之脈絡。

王師更生以爲「析采」，即「制勝文苑」，是指〈情采、鎔裁、鍊字、章句、附會、麗辭、聲律、比興、夸飾、事類、隱秀、指瑕等十二篇。⑱〈情采、鎔裁〉皆論文學之內容與形式，本乎孔子文質並重論。〈鍊字〉論字書，推崇《爾雅》，以爲乃「孔徒之所纂，《詩》、《書》之襟帶」，因此〈鍊字〉與《詩》、《書》有關。〈章句〉論句法，以爲「四字密而不促，六字裕而非緩」，而「四字」源於《詩經》，「六字」出自《詩經》、《楚辭》，因此〈章句〉與經典攸關。〈附會〉論謀篇布局的方法，認爲「附辭會義，務總綱領，驅萬塗於同歸，貞百慮於一致，使衆理雖繁，而無倒置之乖；群言雖多，而無棼絲之亂」，而「驅萬塗於同歸，貞百慮於一致」源於《周易・繫辭下》：「天下同歸而殊塗，一致而百慮」，因此〈附會〉與經典思想是息息相關的。〈麗辭〉論對偶的流變，列舉《尚書》：「罪疑惟輕，功疑惟重。」「滿招損，謙受益。」都是對偶，以及《周易》的〈文言〉、〈繫辭〉也是運用很多對偶，因此〈麗辭〉與經典有非常密切的關係。〈聲律〉論聲律調諧的理則，以爲「異音相從謂之和，同聲相應謂之韻」，而「同聲相應謂之韻」源於《周易・乾・文言》：「同聲相應」，因此〈聲律〉與經典相關。〈比興〉論比興之法，源於《詩．序》。〈夸飾〉論夸飾之正法，以爲須「酌《詩》、《書》之曠旨，翦揚、馬之甚泰」，因此〈夸飾〉與《詩》、《書》有關。〈事類〉論用事，尙取法經典，以爲「經典沈深，載籍浩瀚，實詳言之奧區，而才思之神皋也」，因此〈事類〉與經典有十分密切的關係。〈隱秀〉論「隱」的特質及妙用，以爲「義生文外，祕響旁通，伏采潛發，譬爻象之變互體，川瀆之韞珠玉」。這是闡明作者將秘而不宣的心聲，藉旁敲側擊的手法，去溝通領會，曲盡其變法，譬如爻象的變化。因此，〈隱秀〉與經典有極爲密切的關係。〈指瑕〉論立文免瑕之本，在於「字以訓正，義以理宣」，而訓詁乃經學之附庸，是以〈指瑕〉與經典有關。〈養氣〉論養氣與文學創作之關係，而「養氣」一詞，追本溯源，始於《孟子．公孫丑上》：「我善養吾浩然之氣。」劉勰參酌孟子「我善養吾浩然之氣」的養氣說，以闡述「吐納文藝，務在節宣，清和其心，調暢其氣。」〈總術〉以爲文、筆、言三分法，毫無意義。劉勰認爲「六經以典奧爲不刊，非以言筆優劣」，並且「文以足言，理兼《詩》、《書》」，如《周易．文言》兼有言與文，是以〈總術〉與經典攸關。〈總術〉又論從事文學創作，必須「圓鑒區域，大判條例」，先研究創作技巧，然後才能「控制情源，制勝文苑」。「控制情源，制勝文苑」，即剖情析采，主張文質並重，又是源於《論語》，因此〈總術〉與經典有密切的關係。

六、崇替褒貶的文學批評論

《文心雕龍》的〈時序、物色、才略、知音、程器〉五篇，是崇替褒貶的文學批評論，簡稱文評論。〈物色〉論夏、商、周三代由歌功頌德，轉爲刺淫譏過，則云：「大禹敷土，『九序』詠功，成湯聖敬，『猗歟』作頌。逮姬文之德盛，〈周南〉勤而不怨；大王之化淳，〈邠風〉樂而不淫。幽、厲昏而〈板〉、〈蕩〉怒，平王微而〈黍離〉哀。」這依照《詩經》、《尚書》行文。〈物色〉論文家體物的流變，分爲《詩經》、《楚辭》、漢賦、近代四個層次。首先引《詩經》作者爲證，並列舉作品，如「灼灼狀桃花之鮮」，源於《詩經・周南・桃夭》；「依依盡楊柳之貌」，出自《詩經・小雅・采薇》；「杲杲爲日出之容」，本乎《詩經・衛風・伯兮》；「瀌瀌擬雨雪之狀」，出於《詩經・小雅・角弓》；「喈喈逐黃鳥之聲」，源於《詩經・周南・葛覃》；「喓喓學草蟲之韻」，本於《詩經・召南・草蟲》；「皎日嘒星，一言窮理」，出自《詩經・王風・大車》；「參差沃若，兩字連形」，源自《詩經・周南・關雎》。因此，〈物色〉與經典極有密切的關係。〈才略〉評馬融，則云：「馬融鴻儒，思洽登高，吐納經範，華實相扶。」這是以經典評作家。〈程器〉論士，則云：「〈周書〉論士，方之梓材，蓋貴器用而兼文采也。」這是引用《尚書》論士須文行並重。〈程器〉又論通才，當文武兼修，如「郤穀敦《書》，故舉爲元帥」，這是引用《尚書》，闡述文武兼備。因此，〈程器〉與經典有極爲密切的關係。〈知音〉論批評家的素養，必須「博觀」，所謂「圓照之象，務先博觀」。「博觀」必須宗經、治史、讀子、論騷、明法，這五項皆與經典有關。⑲〈知音〉論文學批評的方法，列舉六觀：觀位體、觀置辭、觀通變、觀奇正、觀事義、觀宮商，皆與經典息息相關。⑳因此，〈知音〉與經典有極爲密切的關係。

七、駕馭群篇的緒論

《文心雕龍‧序志》是全書的緒論，不僅闡述書名的由來，也析論寫作的動機、全書的組織、選材的態度。寫作的動機有二：一是讚聖述經的寫作動機，二是樹德建言的寫作動機。「樹德建言」，是《左傳》所謂三不朽中的立言。全書的組織與經典有關，也是本文探討的重點。全書五十篇與《周易‧繫辭上》，是密不可分的關係。選材的態度，是「有同乎舊談者，非雷同也，勢自不可異也；有異乎前論者，非苟異也，理自不可同也。同之與異，不屑古與今，擘肌分理，唯務折衷。」選材採用折衷之道，是儒家的思想。因此，〈序志〉與經典有十分密切的關係。

八、結　論

《文心雕龍》一書，就篇數而言，全書五十篇與經典是息息相關的；就分類而言，文原論、文體論、文術論、文評論、緒論與經典也有密切的關係。因此，從《文心雕龍》全書架構，可以窺見劉勰宗經觀，而且所宗的經典，是儒家的經典，而非道家、佛家，更不是兵家。

【附　注】

①語出章學誠《文史通義．詩話》：「《文心》體大而慮周，《詩品》思深而意遠，蓋《文心》籠罩群言，而《詩品》深從六藝溯流別也。」見葉瑛《文史通義校注》，頁五五九，里仁書局，一九八四年九月。

②穆克宏〈論文心雕龍與儒家思想的關係〉、張啓成〈文心雕龍中的道家思想〉、李慶甲〈文心雕龍與佛學思想〉，此三篇見於周甫之、涂光社主編《文心雕龍研究論文選》，頁一〇四～一六六，齊魯書社，一九八八年一月。

③林中明〈劉勰和《文心雕龍》裡的兵略運用〉，此文發表於一九九五年七月《文心雕龍》國際學術討論會，由北京大學中文系、中國文心雕龍學會主辦，在北京舉行。

④見於王師更生《中國古代文學理論的秘寶——文心雕龍》，三三頁，黎明文化事業股份有限公司，一九九五年七月。

⑤參閱白話易經編寫組撰《白話易經》，頁三六六，中國民間文藝出版社，一九八九年四月。

⑥見於陳兆秀《文心雕龍術語探析》，頁八〇，文史哲出版社，一九八六年五月。

⑦參閱同註⑥，頁八〇——八一。

⑧參閱張少康〈文心雕龍的原道論——劉勰文學思想的歷史淵源研究之一〉，詳見齊魯書社編《文心雕龍學刊》第一輯，頁一六〇～一六一，一九八三年七月。

⑨參閱黃師錦鋐〈文心雕龍文學理論的思想淵源〉，詳見日本九州大學中國文學會主編《文心雕龍國際學術研討會論文集》，頁三九～四〇，文史哲出版社，一九九二年六月。

⑩ 參閱同註⑨，頁四〇。

⑪ 參閱王師更生《文心雕龍讀本》上篇，頁四九，文史哲出版社，一九八五年三月。

⑫ 參閱王師更生《中國古代文學理論的秘寶——文心雕龍》，頁三五～三六，黎明文化事業股份有限公司，一九九五年七月。

⑬ 詳見蔡宗陽《劉勰文心雕龍與經學》，頁一二四～一三四，作者自印，一九八九年五月。

⑭ 詳見同註⑬，頁一三五～一四〇。

⑮ 語見《論語・雍也》。

⑯ 同註⑫，頁一七八。

⑰ 參閱李師健光《文心雕龍斠詮》，頁一一八一，國立編譯館，一九八二年五月。

⑱ 同註⑯。

⑲ 詳見同註⑬，頁六八。

⑳ 詳見同註⑬，頁六八～六九。

論《文心雕龍》與老莊思想之關係

一、前言

《文心雕龍》雖為文論專書，然體大慮周，其內容與經學、史學、子學攸關，《文心雕龍》中有〈宗經〉、〈史傳〉、〈諸子〉三篇，是其證也。不第此也，《文心雕龍》與儒家思想、佛教，甚至於道家皆有關。論《文心雕龍》與儒家思想關係者，有黃繼持〈文心雕龍與儒家思想〉等①。論《文心雕龍》與佛教關係者，有饒宗頤先生〈文心雕龍與佛教〉等②、方元珍《文心雕龍與佛教關係之考辨》③一書。至於韓玉彝《文心雕龍與儒道思想的關係》④、顏賢正《文心雕龍述秦漢諸子考》⑤等，雖已析論《文心雕龍》與道家關係，但專門探析《文心雕龍》與老莊思想之關係者，較為罕見。

《文心雕龍》引用《老子》、《莊子》之詞句，顏賢正學長雖已有考證，但本文再進一步加以詳盡考述，並且以老莊詞句轉化為《文心雕龍》之文論，或以老莊思想轉化為《文心雕龍》之文論，加以闡論。老莊思想轉化為《文心雕龍》文論，則有文原論、文體論、文術論、文評論。職是之故，本文以《文心雕龍》之文原論、文體論、文術論、文評論為經，老莊詞句、思想為緯，經過分析、比較、歸納，加以詮證。

二、《文心雕龍》文原論與老莊思想

《文心雕龍》之文原論，包括〈原道〉、〈徵聖〉、〈宗經〉、〈正緯〉、〈辨騷〉五篇，這是劉勰的「文學本原論」。此五篇中，引用老莊詞句或轉化老莊思想爲《文心雕龍》之文原論，即有〈原道〉、〈徵聖〉、〈宗經〉、〈辨騷〉四篇。其中影響最大的是〈原道〉，其內容是這樣的：

文之為德也，大矣！與天地並生者，何哉？夫玄黃色雜，方圓體分，日月疊壁，以垂麗天之象；山川煥綺，以鋪理地之形；此蓋道之文也。仰觀吐曜，俯察含章，高卑定位，故兩儀既生矣。惟人參之，性靈所鍾，是謂三才。為五行之秀氣，實天地之心生，心生而言立，言立而文明，自然之道也。

旁及萬品，動植皆文：龍鳳以藻繪呈瑞，虎豹以炳蔚凝姿；雲霞雕色，有踰畫工之妙；草木賁華，無待錦匠之奇；夫豈外飾，蓋自然耳。

至於林籟結響，調如竽瑟；泉石激韻，和若球鍠；故形立則文生矣，聲發則章成矣。夫以無識之物，鬱然有采，有心之器，其無文歟？

此文分爲四小節：首先，敘述天、地、文三者並生，闡論文原於自然。其次，闡述天、地、人是三才，進而析論人心參兩儀之理，詮證「心生而言立，言立而文明」，乃自然之道。再其次，闡明動物、植物的文采，都是源於自然。最後，闡析無心之物，所以聲采並茂者，莫非自然。此四小節，旨在論述文學本原於自然。此外，「道之文也」之「道」，也是「自然」之意。

「自然」一詞，老莊皆有提及。《老子・第二十五章》云：

> 人法地，地法天，天法道，道法自然。⑥

王弼注云：「道不違自然，乃得其性，法自然也。在方而法方，在圓而法圓，於自然無所違也。自然者，無稱之言，窮極之辭也。」⑦錢賓四先生亦云：「老子本義，人法地，地法天，天法至道，道至高至上，更無所取法，僅取法於道之本身之自己如此而止，故曰道法自然。非謂於道之上，道之外，又別有自然之一境也。」⑧由是觀之，自然非實體，是「道」存在的型態，所以「自然」就是「自己如此、無心如此」。莊子亦本乎此，故〈齊物論〉云：

> 已而不知其然，謂之道。

成玄英疏云：「夫至人無心，有感斯應，譬彼明鏡，方茲虛谷，因循夢物，影響蒼生，不知所以然，不知所以應，豈有情於臧否而係於利害者乎！以法因人，可謂自然之道也。」⑨所謂自然者，不知其然而然，不知其所以然也。《莊子》言及「自然」者，凡有八處⑩。《莊子》所謂「自然」者，惟獨〈秋水〉所言「自然」，是指「自以爲是或自我肯定」之意⑪，其他各篇所謂之「自然」，皆指自己如此，不假他物。誠如牟宗三先生所云：

> 莊子之自然，是境界，非今之所謂自然或自然主義也。今之自然界內之物事或自然主義所說者，

皆是他然者，無一是自然。老莊之自然，皆真是「自己而然」者。⑫

老莊所謂「自然」，是「自己而然」的「自然境界」。所謂「自然境界」者，是自然界的所有「現象」，經過自然本體的「道」通而爲一以後，所提昇的境界。因此，老莊思想的「自然」，是哲學的「自然」。劉勰《文心雕龍》的「自然」，是文學的「自然」。《文心雕龍》文原論的「自然」，是轉化自老莊思想的「自然」。哲學思想與文學理論的交會處，在於心靈。⑬因此，文學與哲學，在人的心靈活動中是共通的。職是之故，《文心雕龍》文原論的「自然」，淵源於老莊思想的「自然」，這也是「自然」之理。一言以蔽之，《文心雕龍》主張文學源於自然的理論，是由老莊的自然思想轉化而來的。

《文心雕龍·原道》引用老莊語詞者，尙有下列文句：

爰自風姓，暨於孔氏，玄聖創典，素王述訓。

「玄聖」，是遠古的聖人，拘庖犧、神農、黃帝等古代聖王，此處指「庖犧」。「創典」，是「創立典則」之意，此處指「始畫八卦」。「素王」，是指有其德而無其位者，此處指「集大成的孔子」。「述訓」，是「述而不作」之意，此指孔子作十翼。「玄聖」、「素王」，源於《莊子》。《莊子·天道》云：

夫虛靜恬淡寂寞無為者，萬物之本也。明此以南鄉，堯之為君也；明此以北面，舜之為臣也。以此處上，帝王天子之德也；以此處下，玄聖素王之道也。

成玄英疏：「用此無爲而處物上者，天子帝堯之德也；用此虛淡而居臣下者，玄聖素王之道也。夫有其道而無其爵者，所謂玄聖素王，自貴者也，即老君尼父是也。」⑭《文心雕龍．原道》所謂「玄聖創典」，是指庖犧畫八卦；「素王述訓」，是指孔子作十翼。《莊子．天道》所謂「以此處下，玄聖素王之道也」，是指用此虛淡而居臣下者，玄聖素王之道也。《文心雕龍》與《莊子》之義迥異，劉勰雖撮引《莊子》之文詞，但不從其義；此劉知幾《史通．模擬》所謂「貌同而心異」⑮者也。引用文詞相同，但文意截然不同。

《文心雕龍．徵聖》引用老莊語詞者，有下列文句：

顏闔以為「仲尼飾羽而畫，從事華辭。」雖欲訾聖，弗可得已。

「顏闔以爲仲尼飾羽而畫，從事華辭」，係節縮《莊子》之文句。《莊子．列禦寇》云：

魯哀公問乎顏闔曰：「吾以仲尼為貞幹，國其有瘳乎？」曰：「殆哉圾乎！仲尼方且飾羽而畫，從事華辭，以支為旨，忍性以視民而不知不信，受乎心，宰乎神，夫何足以上民！彼宜女與？予頤與？誤而可矣。今使民離實學偽，非所以視民也，為後世慮，不若休之。難治也。」

老莊厭跡彰顯，去華存實，故顏闔以爲孔子徒事華飾而已，殊不知孔子以文質彬彬爲尚。劉勰《文心雕龍》襲改原文，並濃縮「（顏闔）曰：『殆哉圾乎；仲尼方且飾羽而畫，從事華辭』，而成「顏闔以爲仲尼飾羽而畫，徒事華辭」；此劉知幾所謂「貌異而心同」者也。「飾羽而畫」，意謂羽毛本有文采，而又加以修飾描畫。⑯成玄英疏：「修飾羽儀，喪其眞性也。」⑰由此可知，「飾羽而畫」，比喻人之爲文，如徒事文飾，便失本眞。⑱《文心雕龍．徵聖》引用顏闔有意詆毀孔子「飾羽而畫，從事華辭」，闡述聖人的文辭，既典雅，又華麗，不止雅麗兼備，而且華實互用，因此劉勰在《文心雕龍．情采》強調情采並重，闡述「文附於質」、「質待於文」的眞諦。

《文心雕龍．宗經》引用老莊語詞者，有下列文句：

> 然而道心惟微，聖謨卓絕，牆宇重峻，吐納自深，譬萬鈞之洪鍾，無錚錚之細響矣。

此言經典的行文，無論吐故納新，都能從基本原理上出發，故其蘊義自然精深。但「吐納」一詞，見於《莊子》。《莊子．刻意》云：

> 吹呴呼吸，吐故納新，熊經鳥申，為壽而已矣；此道引之士，養形之人，彭祖壽考者之所好也。

成玄英疏：「吹冷呼而吐故，呴暖吸而納新，如熊攀樹而自經，類鳥飛空而伸腳，斯皆導引神氣，以養形魂，延年之道，駐形之術。故彭祖八百歲，白石三千年，壽考之人，即此之類。」⑲「吐納」，本是道家導引神氣，以養形魂之法；劉勰《文心雕龍》引用之，以闡論文章內容的吸收和辭藻的表達。因此，《文心雕龍》之「吐納」，是指文學理論；而《莊子》之「吐故納新」，是指養生之道；二者迥異，此亦「貌同而心異」者也。

〈宗經〉引用老莊語詞者，有下列文句：

> 夫《易》惟談天，入神致用。故〈繫〉稱旨遠辭文，言中事隱，韋編三絕，固哲人之驪淵也。

此言《易經》的內涵，闡述天理與人事相通之理；《易經》之措辭曲折合理，其敘述幽隱含蓄。孔子勤讀《易經》，韋編三絕；蓋《易經》乃古聖先哲探索眞理的寶庫。「固哲人之驪淵也」之「驪淵」一詞，源於《莊子》。《莊子・列禦寇》云：

人有見宋王者，錫車十乘，以其十乘驕穉莊子。莊子曰：「河上有家貧恃緯蕭而食者，其子沒於淵，得千金之珠，其父謂其子曰；『取石來鍛之！夫千金之珠，必在九重之淵而驪龍頷下，子能得珠者，必遭其睡也。使驪龍而寤，子尚奚微之有哉！』今宋國之深，非直九重之淵也；宋王之猛，非直驪龍也；子能得車者，必遭其睡也。使宋王而寤，子為韲粉夫！」

成玄英疏：「懷忠貞以感人主者，必（得）非常之賞；而用左道，使其說佞媚君王，僥倖於富貴者，故有驕穉之容，亦何異遭驪龍睡得珠耶！」⑳懷忠貞以感動君王，而得賞賜，此乃「君子愛財，取之有道」。若以巧言令色取媚君王，而得賞賜，此猶如趁驪龍睡覺竊取寶珠。《文心雕龍》之「固哲人之驪淵也」，意謂《易經》本是古聖先哲精言奧義，探索眞理的淵藪；而《莊子》之「夫千金之珠，必在九重之淵而驪龍頷下，子能得珠者，必遭其睡也」，意謂探驪取珠不易；二者大異其趣。《文心雕龍》之「驪淵」一詞，乃劉勰節縮《莊子》之「必在九重之淵而驪龍頷下」一語，此「貌異而心異」者也。

《文心雕龍・辨騷》引用老莊語詞者，有下列文句：

〈遠遊〉、〈天問〉，王瓌詭而慧巧。

這是闡述〈遠遊〉、〈天問〉的筆法，是奇特詭異而靈活精巧。〈遠遊〉的特色，高翔避世，欲鍊人魂，浮遊人極，頗具遊仙思想。〈天問〉的特色，上問天文，下疑地理，兼詢人事，是天下的奇文。「瓌詭」一詞，源於《莊子》。《莊子・天下》云：

其（指莊子）書雖瓌瑋而連犿無傷也，其辭雖參差而諔詭可觀。

成玄英疏：「《莊子》之書，其旨高遠，言猶涉俗，故合物而無傷。」㉑又疏：「雖寓言託事，時代參差，而諔詭滑稽，甚可觀閱也。」㉒《莊子・天下》闡明《莊子》的書，雖是宏壯奇特，但宛轉說明，不妨害大道；《莊子》的文辭，雖然虛實不一，但滑稽奇幻可觀。《文心雕龍》之「〈遠遊〉、〈天問〉，瓌詭而慧巧」，是劉勰批評〈遠遊〉、〈天問〉的特點；而《莊子》之「其書雖瓌瑋而連犿無傷也，其辭雖參差而諔詭可觀」，是闡述《莊子》這本書及其文辭的特色；二者大相逕庭。《文心雕龍》之「瓌詭」一詞，乃劉勰濃縮《莊子》之「其書雖瓌瑋而連犿無傷也，其辭雖參差而諔詭觀」二分句，此亦「貌異而心異」者也。

《文心雕龍》文原論援引《老子》、《莊子》語詞者，有〈原道〉引用「自然」一詞，轉化爲文學理論，以析論文學原於自然；引用「玄聖」、「素王」二詞，闡述伏羲畫八卦，孔子作十翼，皆推本天地自然的精神，敷陳文章。〈宗經〉援引顏闔以爲「仲尼飾羽而畫，從事華辭」，詮證聖人之文辭，情采並重，華實互用，並非徒事華辭；引用「吐納」一詞，闡析文章內容的吸取與詞彙的表達；

援引「驪淵」一詞，闡明《易經》是古聖先賢探索眞理的寶庫；〈辨騷〉引用「瓌詭」一詞，評論〈遠遊〉、〈天問〉的筆法特色。總而言之，《文心雕龍》援引老莊詞語，接轉化爲文學理論，或經由老莊思想而間接轉化爲文學理論；但《文心雕龍》文原論與老莊思想，眞正有關係的，是老莊的自然思想。

三、《文心雕龍》文體論與老莊思想

《文心雕龍》之文體論，自〈明詩〉至〈書記〉，凡二十篇，這是劉勰的「文學體裁論」。此二十篇中，援引《老子》語詞者，有〈明詩〉、〈諸子〉、〈論語〉三篇；引用《莊子》詞句者，有〈明詩〉、〈銘箴〉、〈諸子〉、〈論語〉等四篇。

《文心雕龍．明詩》援引老莊的自然思想，轉化爲文學理論者，例如：

人稟七情，應物斯感，感物吟志，莫非自然。

此言詩以自然爲宗。人受喜、怒、哀、懼、愛、惡、欲七種感情，因應外界事物的變化，自然有所感觸，感慨既生，就吟情詠志，自內而外，再由外而內，都是自然的表現。

〈銘箴〉引用《莊子》之語詞者，例如：

靈公有奪里之諡，銘發幽石，噫可怪矣！

劉勰云：「銘者，名也。觀器必名焉，正名審用，貴乎慎德。」㉓名器之由來，必審其德，查其行，德行相配，名如其分，始爲恰當。衛靈公之銘，德行未查，而預藏地中，事非常理，是以劉勰援引此事，以闡明其不合禮制。《文心雕龍》所謂「靈公有奪里之謚，銘發幽石」，是援引《莊子》之典故。《莊子‧則陽》云：

仲尼問於太史大弢、伯常騫、狶韋曰：「夫衛靈公飲酒湛樂，不聽國家之政；田獵畢弋，不應諸侯之際；其所以為靈公者何邪？」

大弢曰：「是因是也。」

伯常騫曰：「夫靈公有妻三人，同濫而浴。史鰌奉御而進所，搏幣而扶翼。其慢若彼之甚也，見賢人若此其肅也，是其所以為靈公也。」

狶韋曰：「夫靈公也死，卜葬於故墓不吉，卜葬於沙丘而吉。掘之數仞，得石槨焉，洗而視之，有銘焉，曰：『不馮其子，靈公奪而里之。』夫靈公之為靈也久矣，之二人何足以識之！」

「靈公有奪里之謚，銘發幽石」，是節縮自「掘之數仞，得石槨焉，洗而視之，有銘焉，曰：『不馮其子，靈公奪而里之。』這是劉知幾所謂「貌異而心同」者也。衛靈公好飲酒，沈緬聲樂，不管國政，不理諸侯的盟會，竟然在墓穴中，發現石槨上刻有銘文，劉勰認爲這是怪事啊！銘的作用，在於歌功頌德，衛靈公何德何能，竟然在墓穴中，發現石槨上刻有銘文，這是不可思議，也是不合禮制。

〈諸子〉援引《莊子》之典故，闡述莊子之人格，例如：

莊周述道以翱翔。

此言莊周闡論道家思想，以達觀物化，逍遙自在。「莊周述道以翺翔」，引用《莊子・秋水》之典故，其言云：

莊子釣於濮水，楚王使大夫二人往先焉，曰：「願以境內累矣！」莊子持竿不顧，曰：「吾楚有神龜，死已三千歲矣，王巾笥而藏之廟堂之上。此龜者，寧其死為留骨而貴乎？寧其生而曳尾於塗中乎？」二大夫曰：「寧生而曳尾塗中。」莊子曰：「往矣！吾將曳尾於塗中。」

成玄英疏：「莊生心處無爲，而寄趾綸釣，楚王知莊生賢達，屈爲卿輔，是以齎持玉帛，爰發使命，詣於濮水，先述其意，願以國境之內重託賢人，王事殷繁，不無憂累之也。」㉔又疏：「莊子保高尙之遐志，貴山海之逸心，類澤雉之養同泥龜之曳尾，是以令使命之速往，庶全我之無爲也。」㉕莊子既以寬闊之胸襟，棄高位，輕富貴，又以「無爲」自任，逍遙乎四海，徜徉乎天地，可以達到養生自樂之境，故劉勰謂莊子闡述道家無爲思想，隨玄思而翺遊。「莊周述道以翺翔」，節縮〈秋水〉所云「莊子釣於濮水」之故事，以闡析無爲思想，亦可謂說明莊子逍遙自樂的境界。這是「貌異而心同」的寫作技巧，援引其內容，而濃縮其文詞。

《文心雕龍・論說》援引《莊子》之語詞者，例如：

論也者，彌綸群言，而研精一理者也。是以莊周「齊物」，以論為名；……論家之正體也。

劉勰給「論文」下定義，是「彌綸群言」爲「研精一理」的先決條件；因爲不能「彌綸群言」，就無法「研精一理」；也惟有「研精一理」，才合乎「論文」的要求。因此，莊周的〈齊物論〉，用論作篇名，才是論辯文的正常體製。《莊子・齊物論》的主旨，在於闡述莊子的宇宙觀與認識論。〈齊物論〉三字的讀法，有兩種不同意見：㈠「齊物」二字連讀，如《文心雕龍・論說》：「莊周『齊物』，以論名篇。」錢賓四先生也認爲莊子的人生觀、宇宙觀根本在於此篇，天地與我並生，萬物與我爲一，故必以「齊物」二字連讀，不能以「物論」二字連讀。㈡「物論」二字連讀，如王應麟說：「莊子〈齊物論〉，非欲齊也，蓋謂物論之難齊。」唐朝以前大都「齊物」二字連讀。不過，宋朝以後，才有「物論」二字連讀；因爲「物論」，也可以說是「人物之論」，猶言「衆論」。齊者，一也。欲合衆論爲一，謂之「齊物論」。但「齊物」二字連讀，就是章太炎所說的喪我、物化，泯滅彼此。既然無己，何有是非，則物論自齊，這樣「物論」自然包括其中。由此可知，「齊物」二字連讀，可以包括「物論」；而「物論」二字連讀，不能包括「齊物」；因此仍以「齊物」二字連讀，於義較長。論是文體的一種㉖。〈論說〉：「莊周『齊物』，以論名篇。」淵源於《莊子・齊物論》。此「貌異而心同」者也。

《文心雕龍》文體論援引《老子》、《莊子》語詞者，有〈明詩〉引用「自然」一詞，轉化爲文學理論，闡析詩歌的吟情詠志，以自然爲主；〈銘箴〉引用《莊子・則陽》的「衛公奪而里之」故事，說明銘的作用，在於歌功頌德；〈諸子〉援引《莊子・秋水》的「莊子釣於濮水」故事，闡述莊子無為思想，逍遙自在的境界；〈論說〉引用《莊子．齊物論》，詮證論辨文的正常體製。綜觀所述，《文心雕龍》援引老莊語詞，直接轉化爲文學理論，或經由老莊思想而間接轉化爲文學理論；但《文心雕龍》文體論與老莊思想的關係，則有自然、無爲、逍遙。

四、《文心雕龍》文術論與老莊思想

《文心雕龍》之文術論，自〈神思〉至〈總術〉，凡十九篇㉗，這是劉勰的「文學創作論」。此十九篇中，援引《老子》語詞者，有〈情采〉、〈總術〉兩篇；引用《莊子》語詞者，有〈神思、體性、定勢、情采、鎔裁、聲律、麗辭、指瑕、養氣〉等九篇。

《文心雕龍．神思》援引《莊子》的詞句者，例如：

古人云：「形在江海之上，心存魏闕之下。」神思之謂也。

劉勰引用「形在江海之上，心存魏闕之下」，闡釋神思之義。這裡比喻人心無遠弗屆，不受時間、空間限制的情景。此句源於《莊子》。《莊子．讓王》云：

中山公子牟謂瞻子曰「身在江海之上，心居乎魏闕之下，奈何？」

瞻子曰：「重生。重生則利輕。」

成玄英疏：「公子有喜遁之情而無高蹈之德，故身在江海上而隱遁，心思魏闕下之榮華。」㉘又疏：「重於生道，則輕於榮利，榮利既輕，則不思魏闕。」㉙《莊子》的「身在江海之上，心居乎魏闕之下」意謂一個人隱居山林，身在草莽，卻眷戀著朝廷的爵祿。劉勰借用此語，闡明身在江海，但心卻存魏闕的現象，這是「神思」的奧妙。劉勰引用《莊子》文句，但不採用本義，這是「貌同而心異」的寫法。又如：

是以陶鈞文思，貴在虛靜，疏瀹五藏，澡雪精神。

此言陶鈞文思的方法，在於心境虛靜，排除內心的積鬱，洗淨精神的困擾。

「虛靜」一詞，源於《老子》。《老子十六章》云：

致虛極，守靜篤。

此言人的心靈本是虛明寧靜的，但常被私欲蔽塞，因此必須做到「虛靜」的工夫，才能恢復心靈的清明。劉勰濃縮「虛靜」一語，談陶鈞文思的方法。「虛靜」，本是人的修爲。劉勰轉化老子的思想變成文學理論。「虛靜」一詞，又見於《莊子．德充符》：「言以虛靜，推於天地，通於萬物。」「疏瀹五藏，澡雪精神」一句，源於《莊子》。《莊子．知北遊》云：

孔子問於老聃曰：「今日晏閒，敢問至道。」

老聃曰：「汝齊戒，疏瀹而心，澡雪而精神，掊擊而知！夫道，窅然難言哉！將為汝言其崖略。……」

成玄英疏：「汝欲問道，先須齊汝心跡，戒愼專誠，洒濯身心，清淨神識，打破聖智，滌蕩虛夷。然玄道窅冥，難可言辯，將爲汝舉其崖分，粗略言之。」孔子向老聃請教玄道，老聃告訴孔子：必須先齋戒，洗滌心靈，潔淨精神，捐除知識；因爲道是深幽而不容易表達的。孔子、老子的對話，在於探討養神的至道，劉勰節縮原文，而成整齊的駢句，以闡述培養行文運思的方法。〈神思〉引用《莊子》者又如：

積學以儲寶，酌理以富才，研閱江窮照，馴致以繹辭。然後使玄解之宰，尋聲律而定墨；獨照之匠，闚意象而運斤；此蓋馭文之首術，謀篇之大端。

劉勰認爲從事文學創作，必須「積學」、「酌理」、「研閱」、「馴致」，然後再使透徹了解的心靈，依照創作的規範來行文，如同工匠揮動斧斤，製造器具。其中「玄解」一詞，源於《莊子》。《莊子·養生主》云：

適來，夫子時也；適去，夫子順也。安時而處順，哀樂不能入也，古者謂是帝之縣解。

此言養生之道也。成玄英疏：「爲生死所係者爲縣，則無死無生者縣解也。夫死生不能係，憂樂不能入者，而遠古聖人謂是天然之解脫也。」㉚唐朝陸德明《經典釋文》云：「縣音玄。」㉛「縣解」，即「玄解」，本謂安時處順，哀樂不能入，這是莊子自然的至情。人生在世，必有死生哀樂情感的繫累，就像倒懸一樣的痛苦，今能超越死生哀樂的觀念，那麼倒懸自解，因此叫做縣解。劉勰借用「縣解」一語，來比喻具有「妙解」的作家。「獨照之匠」一詞，源於《莊子》。《莊子·天道》云：

桓公讀書於堂上。輪扁斲輪於堂下，釋椎鑿而上，問桓公曰：「敢問，公之所讀者何言邪？」公曰：「聖人之言也。」

曰：「聖人在乎？」
公曰：「已死矣。」
曰：「然則君之所讀者，古人之糟魄已夫！」
桓公曰：「寡人讀書，輪人安得議乎！有說則可，無說則死。」
輪扁曰：「臣也以臣之事觀之。斲輪，徐則甘而不固，疾則苦而不入。不徐不疾，得之於手而應之於心，口不能言，有數存焉於其間。臣不能以喻臣之子，臣之子亦不能受之於臣，是以行年七十而老斲輪。古之人與其不可傳也死矣，然則君之所讀者，古人之糟魄已夫！」

此言物各有性，教學是無益的。輪扁論斲輪之能得心應手，口不能言，有數存其間。輪扁之術，不能教其子，蓋物各有性，不可仿效。劉勰借用莊子「輪扁」的故事，來比喻作文見解獨到。「闚意象而運斤」一語，源於《莊子》。《莊子．徐无鬼》云：

莊子送葬，過老子之墓，顧謂從者曰：「郢人堊慢其鼻端若蠅翼，使匠石斲之。匠石運斤成風，聽而斲之，盡堊而鼻不傷，郢人立不失容。宋元君聞之，召匠石曰：『嘗試為寡人為之。』匠石曰：『臣則嘗能斲之。雖然，臣之質死久矣。』自夫子之死也，吾無以為質矣，吾無與言之矣。」

成玄英疏：「匠石雖巧，必須不動之質；莊子雖賢，猶藉忘言之對。蓋如惠子之亡，莊子喪偶，故匠人輟成風之妙響，莊子息濠上之微言。」㉜。此言莊子痛失知音。「運斤」一詞，《莊子》書中，原指運用斧斤之意。劉勰借用「運斤」一語，比喻作文時的遣詞造句。此「貌同而心異」者也。「獨照之匠，闚意象而運斤」，係節縮《莊子・天道》、《莊子・徐无鬼》兩篇文意，眞是籠罩群言，自鑄新詞。

劉勰認為馭文的首要，謀篇的大端，必須平時心地虛靜，而養心秉術，在於棄浮求實；因為惟有「虛」才能納，惟有「靜」才能照。有朝一日，作文時，一則循聲求律，遣詞造句；再則憑藉獨特的見解，想像中的意境，當機立斷，規畫篇章，才有上乘之作。劉勰濃縮《莊子》各篇的故事，創造新詞。〈神思〉也有引用《老子》者，例如：

是以秉心養術，無務若慮，含章司契，不必勞情也。

此言作家倘若能夠事先涵養內心的虛靜，把握寫作的技巧，有朝一日，臨文寫作，不必苦思焦慮；具有優美的才華，掌握行文的規範，便不必勞神傷情了。這是劉勰闡明養心乘術的效果。但句中「司契」一詞，見於《老子》。《老子・第七十九章》云：

有德司契，無德司徹。

嚴靈峰云：「執左契者，與而不取，以『有餘補不足』；故曰：有德也。司右契者，責求人之賦稅，取而不與，『損不足以奉有餘』；故曰：無德也。」㉝有德者如掌左契，與人而不取於人；無德者如掌賦稅，取於人而不與人。聖人治天下，是無為而治，但執左契，僅合符信，不苛責人民。劉勰借用

「司契」一詞，來比喻掌握行文的規範。「司契」之原意，是老子無爲而治的思想；而劉勰轉化爲作文的軌範，是文學理論。〈神思〉又運用《莊子》者，例如：

輪扁不能語斤，其微矣乎！

劉勰運用《莊子．天道》之「輪扁斲輪，不徐不疾，得心應用，口不能言，蓋有數存乎其間，全憑心合」的故事，濃縮成「輪扁不能語斤，其微矣乎」，以喻文章創作時，神思運行的境界，其微妙之處，非言語所能形容，全憑心領神會。此似「貌異而心同」，但《莊子．天道》藉故事闡述哲學思想，而劉勰《文心雕龍》卻是說明文學創作，因此是「貌異而心異」的寫作技巧。

《文心雕龍．體性》引用《莊子》者，例如：

辭理庸儁，莫能翻其才；風趣剛柔，寧或改其氣；事義淺深，未聞乖其學；體式雅鄭，鮮有反其習；各師成心，其異如面。

此言文章的風格，因作者的才氣和學習而不同。倘若每位作家依照自己的喜好而師心自用，則所寫的文章如人的面孔，各有不同。「各師成心」一詞，源於《莊子》。《莊子．齊物論》：

夫隨其成心而師之，誰獨且無師乎？

郭象注：「夫心之足以制一身之用者，謂之成心。人自師其成心，則人各自有師矣。人各自有師，故付之而自當。」㉞所謂成心，是指遇事心存私見。誠如黃師錦鋐說：「人如果迷於幻象，就會產生是非得失的心，那就是所謂成心。人一有成心，看任何事都不會正確。……成心，用今語解釋，就是主觀。」㉟「各師成心」一詞，是指文章寫作，依照自己嗜好。「隨其成心而師之，誰獨且無師乎？」意謂假使以自己的成見作爲評判是非標準，誰沒有成見作爲標準呢？此言不論智者、愚者皆有成見。「各師成心」一語，是濃縮《莊子‧齊物論》詞句。至於其意義，《文心雕龍》談文論，《莊子》論去成心。《文心雕龍》主張依照自己嗜好作文。《莊子》認爲一人有成，即惑於象而迷於理，因此主張去成心。「成心」一詞，是莊子思想轉化爲《文心雕龍》之文學理論。〈體性〉又引用《莊子》者，例如：

八體雖殊，會通合數，得其環中，則輻輳相成。

此言典雅、遠奧、精約、顯附、繁縟、壯麗、新奇、輕靡八種文章風格雖然不同，但能融會貫通寫作的技巧，契合情感的變化，而深切領悟其中訣竅，就像一車兩輪的輻輳相聚，必能相輔相成，運轉自如。「環中」，是「訣竅」之意。「環中」一詞，源於《莊子》。《莊子‧齊物論》云：

樞始得其環中，以應為窮。

郭象注：「夫是非反覆，相尋無窮，故謂之環。環中，空矣。今以是非爲環而得其中者，無是無非也。無是無非，故能應夫是非。是非無窮，故應亦無窮。」㊱成玄英疏：「環者，假有二竅；中者，眞空一道。環中空矣，以明無是無非。」㊲「環中」一語，又見《莊子‧則陽》：

冉相氏得其環中以隨成，與物無終無始，無幾無時。

成玄英疏：「冉相氏，三皇以前無爲皇帝也。環，中之空也。言古之聖王，得眞空之道，體環中之妙，故道順群生，混成庶品。」㊳《文心雕龍》的「環中」，是闡述作文的訣竅；《莊子》的「環中」係析論無是無非。因此，《文心雕龍》與莊子思想無關，但取其詞耳，此「貌同而心異」者也。

《文心雕龍・定勢》引用《莊子》者，例如：

枉轡學步，力止壽陵。

劉勰以「枉轡學步，力止壽陵」，比喻文學創作，倘若廢棄寫作的正途，如同捨棄自己的田地，去耕種別人的田地，雖然筋疲力竭，但卻得不償失。「枉轡學步，力止壽陵」一句，源於《莊子・秋水》云：

子獨不聞夫壽陵餘子之學行於邯鄲與？未得國能，又失其故行矣，直匍匐而歸耳。

成玄英疏：「壽陵，燕之邑。邯鄲，趙之都。弱齡未壯，謂之餘子。趙都之地，其俗能行，故燕國少年，遠來學步。既乖本性，未得趙國之能；捨己效人，更失壽陵之故。是以用手據地，匍匐而還也。」㊴此言以此效彼，兩失之。劉勰擾引「壽陵餘子學步邯鄲，技巧未得，反失其本能」的故事，來闡述寫作不可捨棄作文正確的途徑，而學習錯誤的作文方法。此似「貌異而心同」，但《文心雕龍》談文論，《莊子》論哲學；可謂同中有異，異中有同。

《文心雕龍・情采》引用《老子》者，例如：

老子疾僞，故稱：「美言不信。」而五千精妙，則非棄美矣。

老子思想，在於求眞，所以劉勰說，「老子疾僞。」《老子・第三章》云：「常使民無知無欲。」王弼注：「守其眞也。」㊵又《老子・第二十八章》云：「樸散則爲器。」王弼注：「樸，眞也。」㊶老子認爲樸是眞，巧智必僞，所以說：「信言不美。」「信言不美」一語，見於《老子・第八十一章》。劉勰認爲老子雖然疾僞，但全書卻理精辭妙，文質彬彬，所以說：「五千精妙，則非棄美矣。」自然美是眞的，是最好的。《文心雕龍》援引《老子》語詞，是「貌同而心異」；引用老子求眞的思想轉化爲自然美的文學理論。

〈情采〉引用《莊子》者，例如：

莊周云：「辯雕萬物。」謂藻飾也。

劉勰引用莊子「辯雕萬物」，比喻詞藻的雕飾，旨在反對「采濫辭詭」。《文心雕龍》主張文章以質樸達情爲佳，《莊子》反對詭辯家辯雕萬物，二者有異曲同工之妙。但同中有異，劉勰論文學，莊子談哲學。《文心雕龍》轉化莊子思想，演變爲文學理論。

〈情采〉又援引《莊子》者，例如：

是以聯辭結采，將欲明理，采濫辭詭，則心理愈翳。固知翠綸桂餌，反所以失魚。「言隱榮華」，殆謂此也。

此言作者遣詞造句，必須樸實，切忌虛浮。若淫濫過度，眞情就隱蔽，文章也毫無意義。「言隱榮華」一語，源於《莊子》。《莊子・齊物論》云：

道惡乎隱而有真僞？言惡乎隱而有是非？道惡乎往而不存？言惡乎存而不可？道隱於小成，言隱於榮華。

郭象注：「夫小成榮華，自隱於道，而道不可隱，則眞僞是非著，行於榮華而止於實當，見於小成而滅於大全也。」㊷成玄英疏：「榮華者，謂浮辯之辭，華美之言也。只爲滯於華辯，所以蔽隱至言。所以《老君經》云：『信言不美，美言不信。』」㊸此謂道無所不在，言無所不正，只是道被仁義五德所蒙蔽，而言被花言巧語所遮住，因此才有眞僞、是非。《文心雕龍》的「言隱榮華」，是指措辭過度美麗，華而不實。《莊子》的「言隱於榮華」，意謂信言不美，美言不信。二者皆在求樸實；但劉勰論文章的樸實，莊子談修道的樸實，這是同中有異。

《文心雕龍．鎔裁》引用《莊子》者，例如：

駢拇枝指，由侈於性；附贅懸肬，實侈於形。一意兩出，義之駢枝也；同辭重句，文之肬贅也。

此言文章的內容必須長短合度，文章的詞藻必須繁簡適中。一種意義倘若出現兩處，如同文義上的駢拇枝指；同義的詞句如果重複使用，就像行文上的附贅懸疣。不論文章的內容或形式，過猶不及，以適中爲尙。「駢拇枝指，由侈於性；附贅懸肬，實侈於形。」源於《莊子》。《莊子．駢拇》云：

駢拇枝指，出乎性哉！而侈於德。附贅縣疣，出乎形哉！而侈於性。

陸德明《經典釋文》云：「駢拇枝指出乎性，而以德言之則侈矣；附贅縣疣出乎形，而以性言之則侈矣。」㊹侈，是「多」之意。此言人的行爲應該合於自然，順乎人情之常。凡是對天然有增減造作，無論善惡，都是失去本性，不合自然的正道。《文心雕龍》引用《莊子》之文句，闡述作文贅詞累句，是違背自然。劉勰轉化莊子的自然思想，而變爲文學理論。就詞句而言，二者相同；就內容而言，截然不同；此「貌同而心異」者也。

〈鎔裁〉又引用《莊子》者，例如：

> 精論要語，極略之體；游心竄句，極繁之體；謂繁與略，適分所好。

此謂議論精當，語言扼要，這是非常簡煉的風格；思想奔放，詞藻鋪張，這是非常繁富的風格。作文訣竅，是該繁則繁，該略則略。繁富或簡煉，必須適應作者不同個性和愛好。「游心竄句」，意謂思想蕪雜，辭藻華麗。「游心竄句」一語，源於《莊子》。《莊子‧駢拇》云：

> 駢於者，纍瓦結繩竄句，遊心於堅白同異之閒，而敝跬譽無用之言非乎？而楊墨是已。

成玄英疏：「楊墨之徒，並矜其小學，炫燿衆人，誇無用之言，惑於群物。然則楊墨豈非亂群之師乎？言即此楊墨而已也。」㊺此謂多言詭辯，穿鑿文句，如同破瓦亂繩一樣無用的言語，斷章取義，專務於「堅白同異」之說，敝精疲神，企慕不實用的理論，楊朱、墨翟就是這類的人物。《文心雕龍》的「游心竄句」，濃縮《莊子》之文意，用來比喻作文時，心思遊蕩，穿鑿文句，是極爲繁蕪的風格。劉勰引用《莊子》之語詞，轉化莊子思想，變爲文學理論。此「貌同而心異」者也。

《文心雕龍‧聲律》援引《莊子》者，例如：

> 練才洞鑒，剖字鑽響，識疏闊略，隨音所遇，若長風之過籟，南郭之吹竽耳。

此言文才練達的作家鑒察精微，故能剖析字的聲韻，鑽研聲響，這好像長風吹過萬物的孔竅，發出清切和諧的聲音；才疏學淺的人，文章的用韻有時偶然巧合；這好像南郭在齊王面前吹竽，隨聲附和，只是濫竽充數罷了。「長風之過籟」一語，源於《莊子》。《莊子・齊物論》云：

南郭子綦隱机而坐，仰天而噓，荅焉似喪其耦。顏成子游立侍乎前，曰：「何居乎？形固可使如槁木，而心固可使如死灰乎？今之隱机者，非昔之隱机者也。」

子綦曰：「偃，不亦善乎，而問之也！今者吾喪我，汝知之乎？女聞人籟而未聞地籟，女聞地籟而未聞天籟夫！」

子游曰：「敢問其方。」

子綦曰：「夫大塊噫氣，其名為風。是唯無作，作則萬竅怒呺，而獨不聞之翏翏乎？山林之畏佳，大木百圍之竅穴，似鼻，似口，似耳，似枅，似圈，似臼，似洼者，似污者；激者，謞者，叱者，吸者，叫者，譹者，宎者，咬者，前者唱于而隨者唱喁。泠風則小和，飄風則大和，厲風濟則眾竅為虛。而獨不見之調調，之刁刁乎？」

子綦曰：「夫吹萬不同，而使其自己也，咸其自取，怒者其誰邪！」

首先闡述「吾喪我」的境界，「喪我」即損棄成見、摒除我執、打破自我中心；其次，描繪人籟、地籟、天籟，論證自然的聲響。劉勰濃縮「人籟」、「地籟」、「天籟」，合稱為「籟」，再總攝「大塊噫氣，其名為風，是唯無作，作則萬竅怒呺」，而成「長風之過籟」，詮證聲律的調配，音韻和諧。

莊子所言自然的聲響，是自然界中的自然，劉勰所說聲律調配和諧，是人生界中的自然。劉勰轉化莊子所說的自然聲響，變爲文章聲律的調配。

〈聲律〉又援引《莊子》者，例如：

> 割棄支離，宮商難隱。

此言文章用韻，要除去不協調的音，因爲聲律的合不合是難以隱藏的。「支離」一詞，源於《莊子》。

《莊子・人間世》云：

> 夫支離其形者，猶足以養其身，終其天年，又況支離其德者乎！

此言形體殘缺不全的人，還能夠養身，享盡天賦的壽命，又何況那忘德的人呢！㊻林希逸說：「言至人之德亦如此支離者，以無用爲大用也。此與不才之木亦同意。」㊼成玄英疏：「夫支離其形，猶忘形也；支離其德，猶忘德也。」㊽劉勰引用《莊子》「支離」一詞，闡述作文用韻，必須去除聲律不協調的毛病，音節的抑揚，自然可顯現。而《莊子》的「支離」，是指形體殘缺者不被任用於當時政治，才能全生免害。劉勰僅用其詞，不用其義，此「貌同而心異」者也。

《文心雕龍・麗辭》援引莊子的自然思想者，例如：

> 夫心生文辭，運裁百慮，高下相須，自然成對。

此言作文的對偶，都是出乎自然；像《書經》的「罪疑惟輕，功疑惟重」、「滿招損，謙受益」，都是自然成對，並非矯揉造作。這是劉勰將莊子的自然思想，轉化爲文學創作的例子。

〈麗辭〉引用《莊子》者，例如：

　　自揚、馬、張、蔡，崇盛麗辭，如宋畫吳冶，刻形鏤法，麗句與深采並流，偶意共逸韻俱發。

此言司馬相如、揚雄、張衡、蔡邕雖然推崇對偶，但能得心應用，沒有雕琢的痕跡，好像宋元君的講究繪畫，吳國的講究鑄劍，注意文辭雕飾。「宋畫」的典故，源於《莊子》。《莊子・田子方》云：

　　宋元君將畫圖，眾史皆至，受揖而立；舐筆和墨，在外者半。有一史後至者，儃儃然不趨，受揖不立，因之舍。公使人視之，則解衣般礴臝。君曰：「可矣，是真畫者也。」

此言眞畫家的創作，突破規格的約束。劉勰引用《莊子》描述「宋元君的繪畫，能得神采眞意」的故事，來闡論作文貴在自得。此似「貌異而心同」者也。但《莊子》論繪畫，《文心雕龍》談文論，這是同中有異。

〈麗辭〉又援引《莊子》者，例如：

　　若夫事或孤立，莫與相偶，是夔之一足，趻踔而行也。

此言對偶必須上下兩聯，倘若僅有上聯，沒有下聯，好像人的跛腳，跳躑而行。「夔之一足，趻踔而行」一句，源於《莊子》。《莊子・秋水》云：

　　夔謂蚿曰：「吾以一足趻踔而行，予無如矣。今子之使萬足，獨奈何？」蚿曰：「不然。子不見夫唾者乎？噴則大者如珠，小者如霧，雜而下者，不可勝數也。今予動吾天機，而不知其所以然。」

成玄英疏：「我以一足跳踯，快樂而行，天下簡易，無如我者。今子驅馳萬足，豈不劬勞？」[49]又疏：「今蚿之衆足，乃是天然機關，運動而行，未知所以，無心自張，有同噴唾。夔以人情起問，蚿以天機直答，必然之理，於此自明也。」[50]天機，是「自然」之意。夔僅有一隻腳，蚿卻有很多隻腳，這是天生就自然如此，此言自然之理。劉勰援引《莊子》之「夔與蚿對話」的故事，僅是借用，以闡對偶中的事對，僅有上聯，而無下聯，如夔的一隻腳，前後不隱，只好跳躍而行。此似「貌同而心異」，但語詞略有更動。文章該駢則駢，該散則散，事對必須偶句；若是奇句，則違反自然之理，這是劉勰轉化老莊的自然思想，變成文學理論。

《文心雕龍・指瑕》援引《莊子》者，例如：

全寫則揭篋，傍采則探囊，然世遠者太輕，時同者為尤矣。

此言作文倘若全部抄襲，就好像搬運箱篋的大盜；部分抄襲，就像探囊取物的小偷。因此，作文切忌抄襲，可以避免瑕疵。「揭篋」、「探囊」二詞，源於《莊子》。《莊子・胠篋》云：

將為胠篋探囊發匱之盜而為守備，則必攝緘縢，固扃鐍，此世俗之所謂知也。然而巨盜至，則負匱揭篋擔囊而趨，唯恐緘縢扃鐍之不固也。然則鄉之所謂知者，不乃為大盜積者也。

成玄英疏：「夫將爲開箱探囊之竊，發匱取財之盜，此蓋小賊，非巨盜者也。」[51]又疏：「夫攝緘縢，固扃鐍者，以備小賊。然大盜既至，負揭而趨，更恐繩約關鈕之不牢，向之守備，翻爲盜資，是故俗知不足可恃。」52這是描繪大盜小賊的偷竊行爲。莊子的原意，描述聖智禮法，本用以防盜制賊，殊不知反被盜賊所竊用，因此主張絕聖去智，以免被大盜小偷所利用。劉勰援引《莊子》描述大盜小賊的偷竊行爲，轉化爲文學理論，闡論寫作切忌抄襲。《文心雕龍》談文論，《莊子》論哲學，此迥異之處。但依同是「偷竊行爲」而言，似是異中有同。

〈指瑕〉又引用《莊子》者，例如：

贊曰：羿氏舛射，東野敗駕。

此言作文必須謹愼，否則即使有才能，而運用不當，也會有瑕疵；就好像后羿雖然善於射箭，但由於不小心翼翼，而誤射其他地方；也好像東野稷雖然善於駕車，但也會有失敗的時候。「東野敗駕」一語，源於《莊子》。《莊子・達生》云：

東野稷以御見莊公，進退中繩，左右旋中規。莊公以為文弗過也，使之鉤百而反。顏闔遇之，入見曰：「稷之馬將敗。」公密而不應。少焉，果敗而反。公曰：「子何以知之？」曰：「其馬力竭矣，而猶求焉，故曰敗。」

此言東野稷御馬，馬力竭而困敗。誠如成玄英疏：「馬力竭盡，而求其過分之能，故知必敗。非唯車馬，萬物皆然。」53由於馬耗神過度，是以勞竭必敗。劉勰援引《莊子》描繪「東野稷擅長駕車」的故事，轉化爲文學理論，闡述有才華的俊士作文也必須面面顧到，考慮周詳；若不小心謹愼，難免會出紕漏；如同東野稷雖然善御，但也會出差錯。《莊子》的「東野敗駕」，是警惕吾人切忌耗神過度，旨在闡述養神之道。而劉勰的「東野敗駕」，則在說明人雖有才華，但作文時，必須留意是否運用恰當；如運用不當，也會有瑕疵。

《文心雕龍・養氣》援引《莊子》者，例如：

> 若夫器分有限，智用無涯；或慚凫企鶴，瀝辭鐫思；於是精氣內銷，有似尾閭之波；神志外傷，同乎牛山之木。

此謂心慮言辭，組織文章，神志大用。人的器識才分有限，但智慧的運用卻是無窮。有些人痛恨自己的才智短淺，企慕他人才識高深，就好像凫鳥認爲自己的腳太短，總是羨慕鶴足的修長，因此竭心盡力，洗鍊文辭，刻畫情意，終將神銷氣損，如同大海的尾閭，晝夜不停地向外流泄，終至勞瘁成疾。「器分有限，智用無涯」，源於《莊子》。《莊子・養生主》云：

> 吾生也有涯，而知也無涯，以有涯隨無涯，殆已。

成玄英疏：「夫生也有限，知也無涯，是以用有限之生逐無涯之知，故形勞神弊而危殆者也。」54此言以有限的生命追求無窮的知識，必然筋疲力竭。莊子認爲養生以自然爲主，治學亦然，切忌過度疲困。但劉勰認爲人的才能是有限的，而智慧的運用卻是無窮的。《莊子》與《文心雕龍》所運用語詞似同，但內容卻迥異。「慚凫企鶴」，源於《莊子》。《莊子・駢拇》云：

> 彼正正者，不失其性命之情。故合者不為駢，而枝者不為跂；長者不為有餘，短者不為不足。

是故鳧脛雖短，續之則憂；鶴脛雖長，斷之則悲。故性長非所斷，性短非所續，無所去憂也。

成玄英疏：「以自然之正理，正蒼生之性命，故言正也。」爣又疏：「自然之理，亭毒衆形，雖復脩短不同，而形體各足稱事，咸得逍遙。」㊻此言鳧短鶴長，是自然之理，何必憂愁呢！劉勰《文心雕龍》援引《莊子》，旨在闡述文學理論；而《莊子》以爲鳧短鶴長，是與生俱來，乃自然現象，旨在析論人生哲理。「尾閭」一詞，源於《莊子》。《莊子．秋水》云：

天下之水，莫大於海，萬川歸之，不知何時止而不盈；尾閭泄之，不知何時已而不虛；春秋不變，水旱不知。

成玄英疏：「尾閭者，泄海水之所也。……海水沃著即焦也。……故海之爲物也，萬川歸之而不盈，沃焦瀉之而不虛，春秋不變其多少，水旱不知其增減。論其大也，遠過江之流，優劣懸殊，豈可語其量數也！」㊼萬川歸大海，海容納萬川。劉勰援引《莊子》「尾閭」一詞，以喻精氣內銷，如尾閭之波。

〈養氣〉又引用《莊子》者，例如：

意得則舒懷以命筆，理伏則投筆以卷懷，逍遙以針勞，談笑以藥勌，當弄閑於才鋒，賈餘於文勇，使刃發如新，腠理無滯，雖非胎息之萬術，斯亦衛氣之一方也。

此言吐納文藝，養氣清心之法，必使心志清和。談笑風生來趕走倦怠，常常有空暇來培養才華，展露筆鋒。在寫作上，保持多餘的精力、勇氣，從事創作，文氣極爲流暢，好像新磨的刀鋒，毫無阻礙，這是保養文氣的方法。「刃發如新」，源於《莊子》。《莊子・養生主》云：

> 今臣之十九年矣。所解數千牛矣，而刀刃若新發於硎。彼節者有閒，而刀刃者無厚；以無厚入有閒，恢恢乎其於遊刃必有餘地矣，是以十九年而刀刃若新發於硎。

此言牛的骨節間是有空隙的，而刀鋒是沒有厚度的，用沒有厚度的刀鋒插入骨節間的空隙去，自然綽綽有餘，因此這把刀用了十九年，刀鋒好像剛從磨刀石上磨出來。這是莊子描繪庖丁解牛，依照天理，才能刀刃若新發於硎。劉勰援引《莊子》之語詞，闡述文氣流暢，如同刀刃若新發於硎。《莊子》談養生之道，《文心雕龍》論保養文氣方法。此二者相異之處，但就「刀刃若新發於硎」而言，卻是相同。從形式而言，都是相同的；從內容而言，卻是不同的。此「貌同而心異」者也。

《文心雕龍・總術》援引《老子》者，例如：

> 況文體多術，共相彌綸，一物攜貳，莫不解體。所以列在一篇，備總情變譬三十之輻，共成一轂，雖未足觀，亦鄙夫之見也。

劉勰撰〈總術〉，旨在彌綸群言，合於一篇，如三十輻共一轂。《文心雕龍》自〈神思〉至〈總術〉，凡十九篇，皆論文術，而〈總術〉乃綜觀文術。「三十之輻，共成一轂」，源於《老子》。《老子・第十一章》云：

> 三十輻，共一轂，當其無，有車之用。

此言車子倘若沒有中空的轂（車輪中心的圓木）可以轉軸，就無法行駛。老子闡述「有之以爲利，無之以爲用」的道理。劉勰援引《老子》的「三十輻，共一轂」，以喻〈總術〉綜合其他十八篇，加以論述，可謂彌綸群言。此「貌同而心異」者也。

《文心雕龍》文術論援引《老子》、《莊子》者，〈神思〉援引「形在江海之上，心存魏闕之下」，以闡述「神思」的意義；又引用「虛靜」、「疏瀹五藏，澡雪精神」，以說明陶鈞文思的方法；又援引「玄解」、「獨照之匠」、「輪扁」的故事、「闚意象而運斤」，以析論謀篇的方法，馭文之首要；又引用「司契」，以論述行文的軌範；〈體性〉援引「各師成心」，以詮證文章的風格隨作者的才氣、學習而異；又引用「環中」，以闡論作文的訣竅；〈定勢〉援引「枉轡學步，力止壽陵」，以闡析文學創作的正確方去；〈情采〉引用「美言不信」，以闡釋文貴乎眞；又援引「辯雕萬物」、「言隱榮華」，以闡述詞藻的修飾，切忌過度；〈鎔裁〉引用「駢拇枝指」、「附贅懸肬」，以論述作文切忌拖泥帶水，務須力求簡潔；又援引「游心竄句」，以詮析作文有簡有繁；〈聲律〉引用「長風之過籟」、「支離」，以探析作文聲律的調配，必須恰當；〈麗辭〉援引老莊的自然思想，以闡述對偶務必順其自然；又引用「宋畫」的典故，以論述作文貴在自得；又援引「夔之一足」，以說明該偶則偶，該奇則奇；〈指瑕〉援引「揭篋」、「探囊」，以析論作文切忌抄襲；又引用「東野敗駕」，以說明寫作務須謹愼行文；〈養氣〉援引「智用無涯」、「慚鳧企鶴」、「尾閭」，以探析心慮言辭，組織文章，神志大用；又引用「刃發如新」，論述保養文氣的方法；〈總術〉援引「三十輻共一轂」，以綜觀文術論。或逕引《老子》、《莊子》詞句，而化爲文論；或轉化老莊思想，而變爲文論。《文心雕龍》文術論與老莊思想有關者，除自然思想外，尚有虛靜、返樸歸眞等思想。

五、《文心雕龍》文評論與老莊思想

《文心雕龍》之文評論，係〈時序〉、〈物色〉、〈才略〉、〈知音〉、〈程器〉五篇，這是劉勰的「文學批評論」。此五篇中，援引《老子》者，僅有〈知音〉一篇；引用《莊子》者，也是只有〈知音〉一篇。

《文心雕龍．知音》援引《老子》者，例如：

夫唯深識鑒奧，必歡然內懌，譬春臺之熙眾人，樂餌之止過客。

此言唯有見遠識廣，洞察入微的人，欣賞文學作品，才能覺得會心的喜樂，好像遊客春天登臺，使人和悅，音樂與美味能留住過路客人。「春臺之熙衆人」，源於《老子》。《老子．第二十章》云：

眾人熙熙，如享太牢，如春登臺。

王弼注：「衆人迷於美進，惑於榮利，卻進心競，故熙熙如享太牢，如春登臺也。」㊽此言衆人興高采烈，好像參加豐盛的筵席，又像春天登臺眺望美景。劉勰援引《老子》語詞，濃縮成「春臺之熙衆人」用來比喻深識者鑑賞文學作品，喜悅無比。《老子》論追求精神的提昇，歡樂無窮。就愉悅而言，《文心雕龍》、《老子》是相同的，但前者論文學批評，後者談人生哲學，二者迥異。「樂餌之止過客」，亦源於《老子》。《老子．第三十五章》云：

> 樂與餌，過客止。道之出口，淡乎其無味，視之不足見，聽之不足聞，用之不足既。

王弼注：「言道之深大。人聞道而言，乃更不如樂與餌，應時感悅人心也。樂與餌，則能過客止；而道之出言，淡然無味。視之不足見，則不足以悅其目；聽之不足聞，則不足以娛其耳。」(59)此言仁義禮法的政治，好像「樂與餌」，不如行守自然無爲的「大道」，雖然無影無蹤，但卻能使人安居樂業。「樂餌之止過客」，是劉勰濃縮《老子》語詞，用來比喻深識者欣賞作品的喜樂。《老子》論哲學，劉勰談文論。

〈知音〉引用《莊子》者，例如：

> 俗鑒之迷者，深廢淺售，此莊周所以笑〈折揚〉，宋玉之所以傷〈白雪〉也。

此言知音難逢，或貴古賤今，或崇己抑人，或深廢淺售，故舉莊周笑〈折楊〉、宋玉傷〈白雪〉爲例，以喻鑒賞之不易。「莊周笑〈折楊〉」的典故，見於《莊子》。《莊子．天地》云：

> 大聲不入於里耳，〈折楊〉、〈皇荂〉，則嗑然而笑。是故高言不止於衆人之心，至言不出，俗言勝也。

成玄英疏：「大聲，謂〈咸池〉、〈大韶〉之樂也，非下里委巷之所聞。〈折楊〉、〈皇華〉，蓋古之俗中小曲也，玩狎鄙野，故嗑然動容，同聲大笑也。」(60)又疏：「至妙之談，超出俗表，故謂之高言。適可蘊群聖之靈府，豈容止於衆人之智乎！大聲不入於里耳，高言固不止於衆心。」(61)此言曲高和寡，因此大聲、高言是一般人難以接納。劉勰援引「莊周笑〈折楊〉」的故事，詮證知音難遇，深廢淺售者多。《莊子》引「折楊」，論大聲、高言不易被一般人接受。因此，同是援引「折楊」，劉勰談文論，莊子則闡析哲理。此「貌同而心異」者也。

《文心雕龍》文評論援引《老子》、《莊子》者，僅有〈知音〉一篇。《文心雕龍．知音》引用「春臺之熙衆人，樂餌之止過客。」闡述唯有見識宏遠的人欣賞作品，才能快樂無比；又援引「莊周笑〈折楊〉」的故事，詮證知音難逢，感歎深廢淺售的無奈。此外，《文心雕龍》文評論與老莊的自然思想攸關，顏賢正已詳論[62]，茲不贅述。總而言之，《文心雕龍》援引《老子》、《莊子》，皆由哲學思想轉化爲文學理論。

六、結　論

《文心雕龍》不管文原論或文體論、文術論、文評論，皆引用《老子》、《莊子》，或逕引詞句轉化爲文學原理、文學體裁、文學創作、文學批評，或轉化老莊思想而變爲文學原理、文學體裁、文學創作、文學批評。因此，《文心雕龍》與《老子》、《莊子》二書有關，但與老莊思想也相關。《文心雕龍》與老莊思想相關者，除自然思想外，尚有無爲、虛靜、返樸歸眞等思想。

【附註】

① 黃繼持〈文心雕龍與儒家思想〉一文，見於王師更生《文心雕龍研究論文選粹》，頁二九八至三一六，育民出

版社印行，民國六十九年（一九〇八）九月初版；此文又見於饒宗頤先生主編《文心雕龍研究專號》。此外，尚有穆克宏〈論《文心雕龍》與儒家思想的關係〉（見於周甫之、涂光社主編《文心雕龍研究論文選》，頁一〇四至一二五，齊魯書社印行，民國七十七年（一九八八）一月出版。）又有王仁鈞〈文心雕龍用《易》考〉（見於淡江文理學院中文研究室印行《文心雕龍研究論文集》，頁八十五至一四四，民國五十九年（一九七〇）十一月初版。）、澤敏《文心雕龍》與《周易》（見於饒芃子主編《文心雕龍研究薈萃》，頁一五九至一六六，民國八十一年（一九九二）六月初版，上海書店印行。）、李平《周易》與《文心雕龍》（見於《文心雕龍》學會編《文心雕龍學刊》，第七輯，頁五十三至六十五，廣東人民出版社，民國八十一年（一九九二）十一月初版。）、鄧仕樑〈易與文心雕龍〉（見於崇基學報九卷一期）、王師更生〈文心雕龍述書經考〉（見於國文學報第六期）、顏賢正〈文心雕龍述詩經考〉（見於手抄本）、〈文心雕龍述春秋經傳考〉（見於東吳大學中文系系刊六期）、王師更生〈文心周龍述論語考〉（見於孔孟學報三十九期）、〈文心雕龍述孟子考〉（見於孔孟學報四十期）等等，不遑枚舉。

② 饒宗頤先生〈文心雕龍與佛教〉一文，見於王師更生《文心雕龍研究論文選粹》，頁三一七至三三〇；此文又見於《民主評論》五卷五期。此外，尚有潘師石禪（重規）〈劉勰文藝思想以佛教為根柢辨〉（見於王師更生《文心雕龍研究詮文選粹》，頁三三一至三四五；此文又見於《幼獅學誌》十五卷三期。）、饒宗頤先生〈劉勰文藝思想與佛教〉（見於饒宗頤主編《文心雕龍研究專號》）、李慶甲《文心雕龍》與佛學思想（見於周甫之、涂光社主編《文心雕龍研究論文選》，頁一三五至一六六。）張意文〈文心雕龍與佛學的關係〉（見於《慧

矩》三二五期〕、石壘《文心雕龍與佛儒二教義理論集》〔由香港雲在書屋印行〕、周榮華《文心雕龍與佛教駁論》〔見於自印本〕等等，不勝臚列。

③ 方元珍《文心雕龍與佛教關係之考辨》，文史哲出版社印行，民國七十六年（一九八七）三月初版。

④ 韓玉彝《文心雕龍與儒道思想的關係》，私立輔仁大學中文研究所碩士論文，民國六十六年（一九七七）年五月初版。

⑤ 顏賢正《文心雕龍述秦漢諸子考》，私立東吳大學碩士論文，民國七十二年（一九八三）五月初版。此外，尚有張啓成〈文心雕龍中的道家思想〉〔見於周甫之、涂光社主編《文心雕龍研究論文選》，頁一二六至一三四。〕、張少康、韋海英〈文心雕龍與道家美學〉〔見於《文心雕龍》學會編《文心雕龍學刊》，第五輯，頁八至二十七，齊魯書社印行，民國七十七年（一九八八）六月出版。〕等等，曷勝列舉。

⑥ 老子言「自然」，除《老子》第二十五章外，尚有第十七、二十三、五十一章，詳見顏賢正《文心雕龍述秦漢諸子考》，頁四十九。

⑦ 見王弼注《老子》，頁三十，學海出版社印行，民國七十三年（一九八四）九月初版。

⑧ 見錢穆《莊老通辨》，下卷，頁三八九。

⑨ 見郭慶藩《莊子集釋》，頁七十三，河洛圖書出版社印行，民國六十三年（一九七四）三月初版。

⑩ 詳見拙作《莊子之文學》，頁五十一至五十三，文史哲出版社印行，民國七十二年（一九八三）九月初版。

⑪ 見王煜《老莊思想論集》，頁四四〇，〈寓修道於技藝〉，聯經出版事業公司印行。

⑫ 見牟宗三《才性與玄理》，頁一七九，學生書局印行，民國六十四年（一九七五）十一月四版。
⑬ 參閱拙作《莊子之文學》，頁二二五至二二七。
⑭ 見郭慶藩《莊子集釋》，頁四六一。
⑮ 見浦起龍《史通通釋》，頁一〇五，世界書局印行，民國六十九年（一九八〇）五月三版。
⑯ 參閱詹金英《文心雕龍義證》，頁五十一，上海古籍出版社印行，民國七十八年（一九八九）八月初版。
⑰ 見郭慶藩《莊子集釋》，頁一〇五一。
⑱ 參閱王師更《文心雕龍讀本》，上册，頁二十五，文史哲出版社印行，民國七十三年（一九八四）三月初版。
⑲ 見郭慶藩《莊子集釋》，頁五三六。
⑳ 見郭慶藩《莊子集釋》，頁一〇六二。
㉑ 見郭慶藩《莊子集釋》，頁一一〇一。
㉒ 見同註㉑。
㉓ 見《文心雕龍・銘箴》。
㉔ 見郭慶藩《莊子集釋》，頁六〇三至六〇四。
㉕ 見郭慶藩《莊子集釋》，頁六〇四。
㉖ 參閱黃師錦鋐《新譯莊子讀本》，頁六十七，三民書局印行，民國六十三年（一九七四）一月初版。
㉗ 〈神思〉至〈總術〉，本來十九篇，但一般研究《文心雕龍》學者卻認爲二十篇；因爲他們相信范文瀾、劉永

濟二氏之說，將卷十〈物色〉改入〈總術〉前，〈時序〉置於卷十旨篇之故。王師更生以爲二氏之說皆屬疑辭，並無確證。其理由有二：一、觀最早之傳本，如元朝至正十五年。〈物色〉即在〈時序〉下，與今本無異。二、細玩〈序志〉之措辭，所謂「籠圈條貫，及六朝文對仗駢偶的通則，則〈物色〉或不如范、劉二氏之說。因此，王師以爲應從今本，不必更動，應將〈物色〉列入文評。〔詳見王師更生《文心雕龍導讀》，頁十四至十五，華正書局印行，民國七十七年（一九八八）三月重修增訂一版。〕

㉘ 見郭慶藩《莊子集釋》，頁九七九。

㉙ 見同註㉘。

㉚ 見郭慶藩《莊子集釋》，頁一二九。

㉛ 見同註㉚。

㉜ 見郭慶藩《莊子集釋》，頁八四四。

㉝ 見嚴靈峰《老子達解》，頁四〇四，華正書局印行，民國六十八年（一九七九）五月初版。

㉞ 見郭慶藩《莊子集釋》，頁六一。

㉟ 見黃師錦鋐《新譯莊子讀本》，頁四十二。

㊱ 見郭慶藩《莊子集釋》，頁六八。

㊲ 見同註㊱。

㊳ 見郭慶藩《莊子集釋》，頁八八五。

㊴見郭慶藩《莊子集釋》，頁六〇二至六〇三。
㊵見王弼注《老子》，頁四。
㊶見王弼注《老子》，頁三十四。
㊷見郭慶藩《莊子集釋》，頁六四。
㊸見同註㊷。
㊹見郭慶藩《莊子集釋》，頁三一二。
㊺見郭慶藩《莊子集釋》，頁三一六。
㊻參閱陳師鼓應《莊子今註今譯》，頁一五三，臺灣商務印書館印行，民國六十四年（一九七五）十二月初版。
㊼見同註㊻。
㊽見郭慶藩《莊子集釋》，頁一八二。
㊾見郭慶藩《莊子集釋》，頁五九二。
㊿見郭慶藩《莊子集釋》，頁五九三。
51見郭慶藩《莊子集釋》，頁三四二。
52見郭慶藩《莊子集釋》，頁三四三。
53見郭慶藩《莊子集釋》，頁六六一。
54見郭慶藩《莊子集釋》，頁一一六。

⑤⑤ 見郭慶藩《莊子集釋》，頁三一七。
⑤⑥ 見郭慶藩《莊子集釋》，頁三一八。
⑤⑦ 見郭慶藩《莊子集釋》，頁五六五。
⑤⑧ 見王弼注《老子》，頁二十一。
⑤⑨ 見王弼注《老子》，頁四十。
⑥⑩ 見郭慶藩《莊子集釋》，頁四五〇。
⑥① 見同註⑥⑩。
⑥② 詳見顏賢正《文心雕龍述秦漢諸子考》，頁五十一至五十二。

從《文心雕龍》與《昭明文選》析論辭賦之形構與評價

一、前言

劉勰《文心雕龍》（以下簡稱《文心》）論賦，選賦以定篇；蕭統《昭明文選》（以下簡稱《文選》）選賦，錄賦以明例。前者以論其勝負，後者以衡其取捨。然比較二家所論選賦例，亦有相同者二：其一爲《文選》選兩漢魏晉之賦特多，而《文心》論賦亦多舉兩漢魏晉之賦而論之。其二爲一代賦家之巨擘，《文心》論賦推崇至高者，而文選選賦亦多。茲比較《文心》與《文選》論選賦之異同有四：一爲其文見論於《文心》，而《文選》錄之者；二爲著作者見論於《文心》，而《文選》錄其文者；三爲其文及作者皆見論於《文心》，而《文選》錄之者。①

其文見論於《文心》，而《文選》錄之者，有班孟堅〈兩都賦〉，張平子〈二京賦〉（〈西京賦〉、〈東京賦〉），揚子雲〈甘泉賦〉，司馬長卿〈上林賦〉②，王文考（延壽）〈魯靈光殿賦〉，宋玉〈風賦〉、賈誼〈鵩鳥賦〉，王子淵（褒）〈洞簫賦〉。以上諸賦，皆見論於《文心・詮賦》。又有見論於《文心・章表》者，有張茂先（華）〈鷦鷯賦〉；見於〈通變〉者，有子雲〈羽獵賦〉；見於〈麗辭〉者，有宋玉〈神女賦〉；見於〈比興〉者，有平子〈南都賦〉，馬季長（融）〈長笛賦〉，宋玉〈高唐賦〉；見於〈才略〉者，有潘安仁〈西征賦〉，何平叔（晏）〈景福殿賦〉；見於〈序志〉者，有陸士衡〈文賦〉。

其作者見論於《文心》，而《文選》錄其文者，有左太沖〈三都賦〉（〈蜀都賦〉、〈吳都賦〉、〈魏都賦〉），左氏見論於《文心・明詩》等八篇③；安仁〈藉田賦〉、〈射雉賦〉、〈秋興賦〉、〈閑居賦〉、〈懷舊賦〉、〈寡婦賦〉、〈笙賦〉，潘氏見論於《文心・詮賦》等十二篇④；子雲〈長楊賦〉，揚氏見論於《文心・宗經》等二十一篇⑤；班叔皮〈北征賦〉，班氏見論於《文心・哀弔》等五篇⑥，王仲宣〈登樓賦〉，王氏見論於《文心・明詩》等十篇⑦；孫興公（綽）〈遊天台山賦〉、孫氏見論於《文心・誄碑・才略》等二篇；郭景純〈江賦〉，郭氏見論於《文心・明詩》等六篇⑧；禰正平〈鸚鵡賦〉，禰氏見論於《文心・哀弔》等六篇⑨；孟堅〈幽通賦〉，班氏見論於《文心》〈班騷〉等十二篇⑩；平子〈思玄賦〉、〈歸田賦〉，張氏見論於〈正緯〉等七篇⑪；長卿〈長門賦〉，司馬氏見論於《文心・辨騷》等十八篇⑫；向子期（秀）〈思舊賦〉，向氏見論於《文心・指瑕》，士衡〈歎逝賦〉，陸氏見論於《文心・明詩》等十四篇⑬；傅武仲（毅）〈舞賦〉，傅氏《文心・明詩》等八篇⑭；嵇叔夜（康），嵇氏見論於《文心・明詩》等七篇⑮；成公子綏（公綏）〈嘯賦〉；

成氏見論於《文心・辨騷》等十一篇⑯；曹子建（植）〈洛神賦〉，曹氏見論於《文心・明詩》等二十一篇⑰。

其文乃作者見論於《文心》，而《文選》未錄者，有陸賈、徐偉長（幹）、袁彥伯（宏）之賦，〈詮賦〉曰：「漢初詞人，順流而作，陸賈扣其端。」又曰：「偉長博通，時逢壯采。」又〈才略〉曰：「徐幹以賦論標美。又曰：「彥伯梗概，情韻不匱。」又有枚皐之賦，《文選》未錄而《文心・神思》曰：「枚皐應詔而成賦。」蔡邕、趙壹、曹子桓（丕）、陳琳、阮瑀、劉楨、應瑒、阮籍、摯虞、傅玄、傅咸之賦，《文選》亦未錄，而《文心・才略》曰：「蔡邕精雅，文史彬彬，隔世相望。」曰：「趙壹之辭賦，意繁而體疏。」又曰：「子桓慮詳而力緩，故不競於先鳴。」曰：「琳瑀（指陳琳、阮瑀）以符檄擅聲。」又曰：「劉楨情高以會采，應瑒學優以得文。」又曰：「摯虞述懷，必循規以溫雅；其品藻流別，有條理焉。」又曰：「傅玄篇章，義多規鏡；長虞筆奏，世執剛中。」又荀況賦《文選》未錄，而《文心・詮賦》：「荀況禮智，宋玉風釣，爰錫名號，與詩畫境，六義附庸，蔚成大國。」荀況禮智，意指禮、知、雲、蠶、箴及末篇詭詩。荀況賦《文選》未選，蓋諸子以立意爲宗，不以能文爲本（見《文選・序》）。宋玉〈風賦〉《文選》有錄，而〈釣賦〉未錄。枚乘〈兔園賦〉《文選》未錄，而《文心・詮賦》有論，其文曰：「枚乘兔園，舉要以會新。」又有《文選》未錄，而《文心》有論者，如長卿〈大人賦〉，〈風骨〉曰：「相如賦仙，氣號凌雲。」潘安仁〈螢賦〉，〈比興〉曰：「安仁〈螢賦〉云：流金在沙。」劉歆〈遂初賦〉，〈事類〉曰：「劉歆〈遂初賦〉，歷敘於紀傳。」劉劭〈趙都賦〉，〈事類〉曰：「劉劭〈趙都賦〉云：公子之客，叱勁楚令歃盟；管庫隸臣，呵秦強鼓岳。用事如斯，可稱理得而義要矣。」景純〈郊賦〉，〈才略〉曰：「景純艷逸，足冠中興，〈郊賦〉既穆穆以大觀，仙詩亦飄飄而凌雲矣。」（以上敘述以《文心》目次爲先後。）

其文及作者皆不見論於《文心》，而《文選》錄之者，有曹大家〈東征賦〉、鮑明遠（照）〈蕪城賦〉、〈無鶴賦〉、木玄虛（華）〈海賦〉、謝惠連〈雪賦〉、謝希逸（莊）〈月賦〉，江文通（淹）〈恨賦〉、〈別賦〉。鮑氏、二謝皆劉宋人，以「宋代逸才，辭翰鱗萃，世近易明，無勞甄序」⑱，故《文心》盡量避免論述之。江氏生於宋，卒於梁，亦可謂時代較近劉氏，是以《文心》亦盡量避免評述之。然而，《文心》不論木氏者，愚謂木氏生卒年不詳，據考證其時代亦較近劉氏，故《文心》亦盡量避免論述之。至若曹氏，《文心》何以不論之？愚謂《文心》乃選文以定篇，劉氏僅評述代表作，無法逐一論之，又曹氏同時之佳作如林，是以《文心》不論其賦，自然之事也。

綜觀上述，吾人可洞悉《文心》論賦，《文選》錄賦，以兩漢魏晉爲多，是以本文析論辭賦之形構與評價，亦以南漢魏晉爲主。

二、辭賦之形構

㈠章　法

辭賦之章法，凡有三部。始有序，中有賦之本部，未有亂、系、重、歌、訊等，皆來自《楚辭》。賦前之序，敘述作賦之主旨、次第，賦後之亂、系、重、歌、訊等，乃簡述全篇之大意。賦之完全者，三部皆備也。然於實際，則序與亂亦不必備，有有序而無亂者，如子雲〈羽獵賦〉、〈長楊賦〉是也；亦有無序而有亂者，如子雲〈甘泉賦〉、孟堅〈幽通賦〉是也；亦有以「頌」代亂者，如孟堅〈東都賦〉，平子〈南都賦〉是也。又有序亂皆無，僅在賦之本部而自爲三部者，即其首尾皆用散文體，中間用韻文體者，如長卿〈子虛賦〉是也。辭賦之有三部，猶《文心・鎔裁》曰：「草創鴻筆，先標三準：履端於始，則設情以位體；舉正於中，則酌事以取類；歸餘於終，則撮辭以舉要。」此法雖非一成不變，然運用之妙，存乎一心，蓋作法人人會變，各有巧妙不同耳。

辭賦之敘述，常用問答體，然其轉折則用爾乃、其後、然後、於是、於茲、若夫、及至、至於等辭，而以爾乃、於是最常用。至於分段終末，常用焉、哉、乎、也、矣、者也辭。《文心・章句》曰：「夫惟蓋故者，發端之首唱；之而於以者，乃箚句之舊體；乎哉矣也，亦送末之常料。」誠哉斯言也。蓋「之而於以」，乃句中之轉接語；「乎哉矣也」，爲句末之常用字。文章如此，辭賦亦然。其敘述順序，常以方位分述，如依東西南北，或前後左右，或內外上下。若各揭其事物，則逐一分述，有如類書。劉勰曰：「模山範水，字必魚貫，所謂詩人麗則而約言，辭人麗淫而繁句也。」⑲良有以也。

㈡用　字

韓退之曰：「凡爲文辭，宜略識字。」不識字，何以爲文，故用字不得不究也。《文心・練字》

曰：「綴字屬篇，必須練擇：一避詭異，二省聯邊，三權重出，四調單複。」所謂詭異，字體瓌怪者也。如子雲甘泉賦：「猳桂椒鬱栘楊。」顏師古曰：「猳，古披字」。〈羽獵賦〉：「玉石嶜崟。」王先謙曰：「官本引蕭該音義爲嶜，案字詁古文岑字。」〈長楊賦〉：「腦幕沙，髑余吾。」顏師古曰：「髑，古髓字。」猳、嶜、髑，皆字體瓌怪者也。所謂聯邊，半字同文者也。半字同文者，約有五類，茲以平子西京賦爲例：一爲左同文者，如木則樅栝椶柟，梓棫楩楓。二爲右同文者，如鳥則鷫鷞鴰鴇，鵁鶄鴻鶤。三爲上同文者，如朱鬉鬣髽，植髮如竿。四爲下同文者，如其中則有黿鼉巨鼈。五爲周同文者，如表嶢闕於閶闔。⑳狀貌山川，古今咸用，施於常文，則齟齬爲瑕，如不獲免，可至三接，三接之外，可謂字林矣。㉑所謂重出，同字相犯者也。如安仁〈秋興賦〉：「宵耿介而不寐兮，獨展轉於華『省』。悟時歲之遒盡兮，慨俛首而自『省』。」用二『省』字，此重出之謂也。然而，若兩字俱要，則寧在相犯。蓋善爲賦者，富於萬篇，貧於一字，一字非少，相避爲難也。所謂單複，字形肥瘠者也。瘠字累句，則纖疏而行劣；肥字積文，則黯黮而篇闇；善酌字者，參伍單複，磊落如珠矣。㉒如太沖〈吳都賦〉：「𠐻譶澩𤢺。」皆肥之甚者也。以《文心》此論評賦，以弊端多矣。然則，或謂辭賦小學，同源共流，小學爲辭之本，小學亡而賦不作矣。由此可知，仁者見仁，智者見智。其實宜以古評古，不宜以今評古，蓋一代有一代文學之特色。是以曾國藩諭紀澤曰：「余觀漢人詞章，未有不精於小學訓詁者，如相如、子雲、孟堅，於小學皆專著一書。《文選》於此三人之文，著錄亦最多。余於古文，志在效法此三人，並司馬遷、韓愈五家。以此五家之文，精於小學訓詁，不妄下一字也。」於此足見，曾氏對相如、子雲、孟堅用字之評價甚高。

近人劉永濟先生雖亦有同感：兩漢賦家精字學，綴文用字繁富。其言曰：「古人謂為文首在識字，蓋文字以代言語，有是語必有是字，而文章者，言語之最精者也，精語必得美字以達之。西漢以來，辭賦繁興，寫象山海，摹略萬物，尤貴有文字以供敷設，故賦家如相如、子雲，號稱博識，相如有〈凡將〉焉，子雲有〈訓纂〉、〈方言〉，皆字學之書也。今檢其所為文，凡名狀之詞，為類尤富。」㉓然賦家聚集偏旁相同之字於數句之中，殆同字林，亦文章之痏也。魏晉以降，修辭日工，此習遂廢。㉔，如王粲〈登樓賦〉，則無詭異，聯邊之現象。其實每類文體皆有得有失，如詩歌亦有八病之說，撰文能避瑕疵為最貴，不可以此類文體有微疵而棄之如敝屣。何況聯邊、詭異乃漢賦之特色，不可以特色視為瑕疵。袁子才《隨園詩話》曰：「古無類書，無志書，又無字彙。三都、兩京賦，言木則若干，言鳥則若干，必待搜輯群書，廣採風土，然後成文。果能才藻富艷，便傾動一時，洛陽所以紙貴者，直是家置一本，當類書類志讀耳，故成之亦須十年五年。今類書字彙無所不備，使左思生於今日，必不作此種賦。即作之，不過翻摘故紙，一二日可成，而抄誦之者，亦無有也。今人作詩賦而好用雜字僻韻，以多為貴者，誤矣。」袁氏此論，可謂的評矣。

㈢造　句

用字固然須慎重為之，然造句之講求亦不可偏廢。故《文心．鎔裁》曰：「句有可削，足見其疏；字不得減，乃知其密。」辭賦之句法多來自〈楚辭〉，有六字句而奇句之末必有「兮」字，如子雲〈甘泉賦〉是也。至於何以用「兮」字?《文心・章句》曰:「尋兮字成句，乃語助餘聲。」亦有全篇似散文者，如長卿〈子虛賦〉，〈上林賦〉，子雲〈羽獵賦〉、〈長楊賦〉，孟堅〈兩都賦〉，又有以三字句、四字句併用者，如賈誼〈鵩鳥賦〉、子淵〈洞簫賦〉、平子〈南都賦〉，子建之〈洛神賦〉。〈章句〉又曰:「四字密而不促，六字格而非凡。或變之三五，蓋應機之權節也。」辭賦之所以多六字句、四字句，蓋本乎此。辭賦亦有長句，有八、九、十、十一字者，亦有多至四十字。何焯以〈甘泉賦〉「蓋天子穆然珍臺閒館，琁題玉英，蜵蜎蠖護之中，惟夫所以澄心清魂，儲精垂恩，感動天地，逆釐三神者」等四十字爲一句(見〈賦史大要〉引之)，當屬空前，然其間亦可分四字或六字之子句也。

㈣對　偶

《文心・麗辭》曰:「夫心生文辭，運裁百慮，高下相須，自然成對。」賦家聯辭，奇偶適應，不勞經營，故對偶之作出於自然者也。劉勰言麗辭之體，凡有四對，言對、事對、反對、正對。㉕言對者，如長卿〈上林賦〉:「修容乎禮園，翺翔乎書圃。」事對者，如宋玉〈神女賦〉:「毛嬙鄣袂，不足程式;西施掩面，比之無色。」反對者，如仲宣〈登樓賦〉:「鍾儀幽而楚奏，莊舃顯而越吟。」正對者，如平子〈東京賦〉:「思仲尼之克己，履老氏之常足。」此四對，以反對爲優，正對爲劣，蓋「幽顯同志，反對所以爲優也;並貴共心，正對所以爲劣也」。以言對爲易，事對爲難，蓋「凡偶辭胸臆，言對所以爲易也;徵人之學，事對所以爲難也」。言對爲美，貴在精巧;事對所先，務在允當。若兩事相配，而優劣不均，則不美矣。

㈤聲律

《文心・聲律》曰：「異文相從謂之和，同聲相應謂之韻。」所謂「和」，乃文章之聲調，平仄順適。如孟堅〈兩都賦〉、子淵〈洞簫賦〉，其疾徐高下、抑揚、抗墜之情，誠如宮羽相變，有互節之勢，舞宮迴環，有綴兆之位。㉖所謂「韻」，乃詩賦之押韻，使其鏗鏘相應。辭賦之押韻，有隨時押、連押、隔押、首尾押。㉗隨時押韻，如宋玉〈高唐賦〉：「高矣顯矣，臨望遠矣。廣矣普矣，萬物祖矣。上屬於天，下見於淵。」顯與遠押韻，普與祖押韻，天與淵押韻。此隨時押韻，鈴木虎雄先生意謂不押韻之態度，愚以爲此換韻而押者也；蓋辭賦之押韻較寬，故隨時押可名之曰換韻押，或簡稱換押。所謂連押，每句押韻者也。如孟堅〈西都賦〉：「秦漢之所極觀，淵雲之所頌歎，於是乎存焉。」觀、歎、焉，依江有誥古音表皆元韻。㉘所謂隔押，隔句押韻者也。如太沖〈蜀都賦〉：「於後則卻背華容，北指崑崙，緣以劍閣，阻以石門。」崙與門押韻，此隔押者也。所謂首尾押，首尾韻同而押者也。此押法罕有之。如宋玉〈風賦〉：「被麗披離，衝孔動楗，眴煥粲爛，離散轉移。」何焯以離、移二字爲首尾韻，此首尾押者也。㉙徐芹庭先生《修辭學發微》歸納押韻之種類有六：㈠每句押韻。㈡隔句押韻。㈢首句用韻隔句押韻。㈣交互押韻。㈤三句押韻。㈥四句押韻。後四者，鈴木虎雄先生言辭賦之押韻法未言之，茲舉徐氏之說，以資參考。首句用韻隔句押韻者，如平子〈思玄賦〉：「躔建木於廣都兮，擁若華而躊躇。超軒轅於四海兮，跨江氏之龍魚。聞此國之千歲兮，曾焉足以娛兮，曾焉足之殊風兮，何遭遇之無常。不抑操而苟容兮，譬臨河而無航。」窮與容押韻，常與航押韻。三句押韻者，如平子〈東京賦〉：「登封降禪，則齊德乎黃軒。爲無爲，事無事，永有民以空安。」禪、軒、安押韻。四句押韻者，徐氏有所舉之例，似非四句押韻法，故不臚列。

㈥比興

易之有象，以盡其意；詩之有比，以達其情。㉚賦之作也，可無比乎？向子期〈思舊賦〉，將嵇康罪過，視同李斯爲人所誅，褒獎僭越，刑罰淫濫，此比擬失倫之瑕㉛，故用比之術，不可不究也。刕辭賦之修辭，用比多而用興少，何以故？劉永濟先生言之綦詳，其言曰：「賦家之文，多用比體，亦出自然。考興之爲義，雖精於比，而其爲用，則狹於比。其故有二：一者，興之託物，但節取與情相發之一義以發端，不易敷爲全篇。國風之詠關雎，九歌之賦秋蘭是也。興之託物，即係節取一義，故有託物雖同而取義有別者，《詩》之〈邶鄘〉，皆有柏舟而各取一義，是也。此則依情託義，可以曲折相附，詩之螽斯，賦之窮鳥，是也。二者，興者物來感情，出於無心，逮論後人難以意逆，即作者當時，亦或流露於不自覺，而賦體本以敷布爲用，敷布云者，蓋有經營結構之功，與無心而發者異趣，是以唐詩宋詞，託興尙多，而漢委辭賦，興義轉亡，體實限之也。」㉜比之分類，文心以內容分，有比聲、比貌、以物比理，以聲比心，以響比辯、以容比物。比聲者，如子建〈洛神賦〉：「其形也：翩若驚鴻，婉若游龍。榮曜秋菊，華茂春松。髣髴兮若輕雲之蔽月，飄飄兮若流風之迴雪。遠而望之，皎若太陽升朝霞。迫而察之，灼若芙蕖出淥波。穠纖得衷，脩短合度。肩若削成，腰如約素。延頸秀項，皓質呈露。芳澤無加，鉛華弗御。」以物比理者，如賈誼〈鵩鳥賦〉：「禍之與福，何異糾纆之」以聲比心者，如子淵〈洞簫賦〉：「優乃溫潤，如慈父之畜子也。」以響比辯者，如季長〈長笛賦〉：「繁縟絡繹，范蔡之說也。」以容比物者，平子〈南都賦〉：「起鄭舞，蠒曳緒。」

㈦夸　飾

《文心・夸飾》曰：「言峻則『嵩高極天』，論狹則『河不容舠』，說多則『子孫千億』，稱少則『民靡孑遺』，襄陵舉『滔天』之目，倒戈立『標杵』之論，辭雖已甚，其義無害也。」講求文辭之夸飾，於此可見。〈夸飾篇〉又曰：「自宋玉景差，夸飾始盛。」宋玉〈登徒子好色賦〉即用夸飾，其賦曰：「天下之佳人，莫若楚國；楚國之麗者，莫若臣里；臣里之美者，莫若臣東之子；增之一分則太長，減之一分則太短；著粉則太白，施朱則太赤；眉如翠羽，肌如白雪，腰如束素，齒如含貝。嫣然一笑，惑陽城，迷下蔡。然此女登牆窺臣三年，至今未許也。登徒子則不然。其妻蓬頭攣耳，齞脣歷歷，旁行踽僂，又疥且痔。登徒子悅之，使有五子。王熟察之，誰為好色者矣。」此以夸飾言妍媸，其愈夸飾，其文辭亦愈可喜。王充《論衡・藝增》曰：「譽人不增其美，則聞者不快其意，毀人不益其惡，則聽者不愜於心。」其斯之謂乎？長卿〈上林賦〉，以瑰麗之辭，摹形容之美，以其堆砌過甚，故《文心》評其詭濫、窮飾。至若子雲〈羽獵賦〉，「鞭宓妃以饟屈原」；張平子〈羽獵賦〉，「困玄冥於朔野」，雖足以「發蘊而飛滯，披瞽而駭聾」，然飾矯炫奇，流於虛僞，非夸飾之正途也。劉勰曰：「飾窮其要，則心聲鋒起；夸過其理，則名實兩乖。」㉝此之謂也。夸飾之原則，在「酌

《詩》《書》之曠旨，翦揚馬之甚泰」，俾「夸而有節，飾而不誣。」㉞如斯，可謂之懿也。

㈧用　典

《文心・事類》：「事類者，蓋文章之外，據事以類義，援古以證今者也。」此言引用古事以推義理，亦文章修辭法之一也。引事典者，如子雲〈羽獵賦〉有「鞭洛水之宓妃，餉屈原與彭胥」，以寓諷；「奢雲夢，侈孟諸，非章華，是靈台。」，以晉頌。㉟然亦有誤用典故者，如長卿〈上林賦〉：「奏陶唐之舞，聽葛天之歌，千人唱，萬人和。」按葛天之歌，唱和三人而已，而長卿誤引。㊱又有引用人名典故者，如長卿〈子虛賦〉稱勇士爲「專諸之倫」；子雲〈羽獵賦〉有「賁育之倫」。㊲用典之法，在「融會貫通，匠心獨運。」如長卿〈上林賦〉：「視之無端，察之無涯，日出東沼，月生西陂。」此廣寓極狀，亦通變之術，實乃用典之法也。㊳姚永樸《文學研究法》曰：「今人行文，反以用古人成語，自謂有出處，自矜典雅，不知其爲襲也，剽賊也。」用典若淪爲剽竊，必爲人所詬病。用典之意義，徐復觀先生言之甚明，其言曰：「假使用典用得好，便可成爲文學上最經濟的一種手段。因爲一個典故的自身，即是一個小小的世界，詩詞中的典故，乃是在少數幾個字的後面，隱藏了一個小小世界，其象徵作用之大，製造氣氛之容易與豐富，是不難想見的。」㊴辭賦之用典，又何嘗不然？

㈨隱　秀

《文心・隱秀》曰：「隱也者，文外之重旨者也，秀也者，篇中之獨拔者也。」重旨者，辭約而義富，含味無窮，陸士衡云：「文外曲致」，此隱之謂也。獨拔者，即士衡所云：「一篇之警策」也。㊵如子雲〈甘泉賦〉：「襲璇宮與傾宮兮，若登高眇遠，肅虖臨淵。」此篇中之警策也。子建〈洛神賦〉：「恨人之道殊兮，怨監年之莫當」，及「悼良會之永絕兮，哀一逝而異鄉」等句，子建惓惓於魏文帝（曹丕）之意最深切，而措詞亦最沈痛。㊶此話中有話，言外有言者也。宋梅堯臣曰：「含不盡之意，見於言外；狀難寫之景，如在目前。」此隱秀者也。意隱辭秀不囿於文之長短，亦不拘於言理、抒情、狀物，是以黃季剛（侃）先生《文心雕龍札記》曰：「大則成篇，小則片語，皆可爲隱；或狀物色，或附情理，皆可爲秀。」信哉。至於隱秀之原則，以自然求之，而不以人力致，然須本乎意隱辭秀。

三、辭賦之評價

本文析論辭賦之評價，以其賦見論於《文心》，而《文選》錄之者爲主。《文心・詮賦》曰：「相如〈上林〉，繁類以成艷；賈誼鵩鳥，致辨於情理；子淵〈洞簫〉，窮變於聲貌；孟堅〈兩都〉，明絢以雅贍；張衡〈二京〉，迅發以宏富；子雲〈甘泉〉，構深瑋之風；延壽〈靈光〉，含飛動之勢。」此劉勰對辭賦之評價。試觀〈上林〉、〈鵩鳥〉、〈洞簫〉、〈兩都〉、〈二京〉、〈甘泉〉、〈靈光〉等賦，《文選》亦錄其文。茲分述其評價於次：

司馬相如〈上林賦〉，先述水勢、水族、水中珍寶、水鳥，次述山林、香草、走獸，又述上林宮室、美玉、嘉果、茂林之盛，後述天子出獵，所獲珍禽異獸，不可勝數，歌舞宴樂，極聲色之娛，故曰：「繁類以成豔。」㊷以上劉勰就其內容評之。若就形式而言，〈上林賦〉之辭藻華麗，音調鏗鏘，文筆靈動，氣勢恢閎，則完全符合《文選》所揭櫫：「綜緝辭采，錯比文筆」之圭臬。是以陳去病《辭賦學綱要》引陸棻〈賦格〉評此篇曰：「其宏博勝高唐，而縱橫馳騁亦過過之，枚乘七發可與並衡，他非所及也。」陸氏之評價極高，然葛洪《抱朴子．鈞世》似又過之，其曰：「毛詩者，華彩之辭也，然不及〈上林〉、〈羽獵〉、〈二京〉、〈三都〉之汪濊博富也。」葛氏以為〈上林賦〉在毛詩之上，或有不以為然者。然何焯《義門讀書記》所謂：「其局開張，其詞瑰麗，賦家之極軌也。」則當為世人所公認。王世貞《藝苑卮言》曰：「〈子虛〉、〈上林〉才極高，辭極麗，而運筆極古橫，精神極流動，意極高，所以不可及也。」㊸

賈誼〈鵩鳥賦〉，乃以道家齊物之理，闡明禍福無常，生死不足介意，以自慰遠謫之情，故曰：「致辨於情理」。㊹以上劉勰就其內容評之，若就其形式而言，則李曰剛先生曰：「全篇組織採用問答體，韻律流動，充滿道家人生觀，完全為一篇哲理賦，與〈楚辭〉之尚浪漫抒情者異趣。比於稍後枚、馬之作，但缺少贍麗之辭藻與夸飾之聲勢而已。故在漢賦發展上，賈生為陸賈之後進，實荀子短賦之承繼者，《楚辭》之轉變者，亦即漢賦之先聲。……哲理賦在漢氏不甚發達，此篇以後，作者罕覯……然而此等作品，在漢賦中特有價值有生命，則為人所公認者。」㊺由此觀之，《文選》錄其文者，蓋以此賦「事出於沈思」之故也。

王子淵〈洞簫賦〉，分述簫之巨音、妙聲、武聲、仁聲、從聲之感人處，形容其微妙，曲盡聲貌之變化，故曰：「窮變於聲貌。」㊻以上劉勰就其內容評之。若就其形式而言，則李曰剛先生曰：「〈洞簫賦〉爲集漢代詠物賦之大成者，……寫簫聲之動人，用力描寫，多所夸張，此爲描寫音樂賦最早之作，……又洞簫賦中駢偶句甚多，且修辭巧密，描寫精細，讀之辯麗可喜，足以虞說（娛悅）耳目，已開魏、晉、六朝駢麗文纖弱淫麗之端。」〈洞簫賦〉完全具備「辭釆文華」之標準，故《文選》錄之。

班孟堅〈兩都賦〉，上篇敘述西都之形勢，士女之衆，冠蓋之盛，貨殖之富，宮館之壯麗，田獵宴飲之歡娛，結出西都父老懷舊之意，怨思之由，此所謂「明絢」者也。下篇陳述建武遷都改邑，乃中興之盛軌，明帝增修洛京，皆合乎法度，非熟悉典章制度不能爲之，此所謂「雅贍」者也。㊼劉勰評〈兩都賦〉爲「明絢以雅贍」，乃就其內容言之。若就其形式評之，此賦之形式組織爲摹擬〈子虛〉、〈上林〉，然句法則多兩句相對，與相如揚雄之作品用單句不同。㊽《文選》〈兩都賦〉，殆以其內容「明絢而雅贍」之故也。

張衡〈二京賦〉，〈西京賦〉盛舉荒靡之事，諷意峻切，故曰：「迅拔」。〈東京賦〉鋪排典章制度，辭富義深，故曰：「宏富。」㊾是以劉勰評二京賦爲「迅發以宏富」，其此之謂乎？李曰剛先生亦曰：「在〈二京賦〉中亦描寫不少新事物，如都市商賈、使士、辯士之活動，以及雜技、角觝、百戲之演出情況，均十分突出。〈二京賦〉另一特色，爲在敘述中引入議論說理，……具有一定之現實意義」⑩故《文選》錄〈二京賦〉，良有因也。

揚子雲〈甘泉賦〉，敘述甘泉宮室，及郊祀典禮，寓意淵深，風格奇偉，故曰：「構深瑋之風。」⑤此劉勰就其內容評之。若就其形式言之，則簡宗梧先生曰：「就體製而言，本賦雖大體承襲騷體之餘緒，但段落之轉起，多用散文賦之提頭、接頭、虛字及句型，似有意促成合流以集其大成。……其文辭亦力求創新，舉凡子雲欲超出前人窠臼之種種嘗試，皆於本賦運用得之，其好奇、好勝、好深、好博之寫作態度，於本賦尤並見之，謂之為子雲賦篇之代表作，寧不宜乎？」⑫《文選》錄〈甘泉賦〉，蓋本乎「沈思翰藻」之選文標準也。

王延壽〈靈光殿賦〉，繪描宮殿之華美，曲盡其妙，能得營造之精意，讀之覺樓臺觀榭，勢欲飛動，如在目前，故曰：「含飛動之勢。」⑬此劉勰就其內容評之。若就其形式而言，則李曰剛先生曰：「其賦鋪敘殿之雄麗壯觀，文辭雅澤，仍追風揚、馬，非時代之主流也。」⑭《文選》錄〈靈光殿賦〉，蓋以其文質並美之故也。

《文心・詮賦》評論辭賦，其他篇章亦有評論者，如〈章表〉：「逮晉初筆札，則張華為儁。其三讓公封，理周辭要，引義比事，必得其偶，世珍〈鷦鷯〉，莫顧章表。」此劉勰評論世珍張氏之〈鷦鷯賦〉《晉書・張華傳》亦曰：「張華，字茂先，未知名，著〈鷦鷯賦〉以自寄。阮籍見之，歎曰：『王佐之才也！』由是聲名始著。」

〈才略〉曰：「何晏景福，克光於後進。」此劉勰評論何氏景福殿賦能大放光彩於後進文士之中。

〈才略〉又曰：「潘岳敏給，辭自和暢，鍾美於西征，賈餘於哀誄，非自外也。」此劉勰評論潘氏才思敏捷，文辭然流暢，皆鍾美於西征賦。〈序志〉曰：「陸機〈文賦〉……陸賦巧而碎亂。」此劉勰評論文賦思理乃妙，然而文辭繁瑣雜亂。

四、結語

辭賦有浮誇、模擬、堆砌、晦澀、冗沓⑤之弊病，此偏差發展所致，並非常態，故「揚子所以追悔於雕蟲，貽誚於霧縠」，蓋此因也。然則一代有一代之文學，易言之，辭賦亦有其價值，始能流傳迄今。如《文心》言文章風格有八：典雅、遠奧、精約、顯附、繁縟、壯麗、新奇、輕靡。典雅者，孟堅〈幽通賦〉是也；遠奧者，賈誼〈鵩鳥賦〉是也；精約者，士衡〈文賦〉、仲宣〈登樓賦〉是也；顯附者，安仁〈閒居賦〉是也；繁縟者，子雲〈甘泉賦〉是也；壯麗者，安仁〈籍田賦〉是也；新奇者，安仁〈射雉賦〉是也；輕靡者，文通〈恨賦〉是也㊻。此八種風格，各有優劣，而辭賦皆有之。郭紹虞先生曰：「有講文學史的人以爲獨抒妙見，反對舊時漢賦唐詩宋詞元曲之說，而以爲漢賦在文學史上爲最無價值，或且不認之爲文學，亦由於太偏主於抒情的文學之故。」㊼郭氏此言，可謂中肯之論矣。

【附　註】

①　參閱舒衷正《文心雕龍與蕭選分體之比較研究》一文（見王更生編纂《文心雕龍研究論文選粹》四一五～七頁）。

②　按〈上林賦〉《文選》分爲〈子虛賦〉〈上林賦〉。《文選》分爲二篇，分別給予〈子虛〉、〈上林〉之名，其來有自。《隋書經籍志》：梁有郭璞注〈子虛〉、〈上林賦〉一卷。然今讀〈子虛〉、〈上林賦〉，皆言游獵盛事，首尾貫通一意，當爲一篇，但分爲二篇，亦非全誤。（見《中華學苑》第十九期簡宗梧先生〈子虛上林賦研究〉十四頁）

③　作者順序依文選選賦目次。左思，字太沖，見論於《文心明詩．詮賦．雜文．神思．聲律．指瑕．時序．才略》等八篇。

④　潘岳，字安仁，見論於《文心．詮賦．祝盟．誄碑．哀弔．諧隱（隱或作讔）．書記．體性．聲律．比興．指瑕．才略．程器》等十二篇。

⑤　揚雄、字子雲，見論於《文心．宗經．辨騷．詮賦．頌讚．銘箴．誄碑．哀弔．雜文．書記．神思．體性．通變．麗辭．比興．夸飾．事類．練字．時序．才略．知音．程器》等二十一篇。

⑥　班彪，字叔皮，見論於《文心．哀弔．史傳．論說．時序．才略》等五篇。

⑦　王粲，字仲宣，見論於《文心．明詩．詮賦．哀弔．雜文．論說．神思．麗辭．時序．才略．程器》等十篇。

⑧　郭璞，字景純，見論於《文心．明詩．詮賦．頌讚．雜文．時序．才略》等六篇。

⑨禰衡，字正平，見論於《文心‧哀弔‧章表‧書記‧神思‧才略‧程器》等六篇。
⑩班固，字孟堅，見論於《文心‧辨騷‧詮賦‧頌讚‧祝盟‧銘箴‧雜文‧史傳‧封禪‧體性‧時序‧知音‧程器》等十二篇。
⑪張衡，字平子，見論於《文心‧正緯‧明詩‧哀弔‧體性‧麗辭‧事類‧時序》等七篇。
⑫司馬相如，字長卿，見論於《文心‧辨騷‧詮賦‧頌讚‧哀弔‧詔策‧檄移‧封禪‧神思‧體性‧風骨‧麗辭‧夸飾‧事類‧練字‧時序‧物色‧才略‧程器》等十八篇。
⑬陸機，字士衡，見論於《文心‧明詩‧樂府‧頌讚‧哀弔‧史傳‧論說‧檄移‧議對‧書記‧聲律‧事類‧總術‧程器‧序志》等十二篇。
⑭傅毅，字武仲，見論於《文心‧明詩‧銘箴‧頌讚‧誄碑‧雜文‧練字‧才略‧知音》等八篇。
⑮嵇康，字叔夜，見論於《文心‧明詩‧論說‧書記‧體性‧指瑕‧時序‧才略》等七篇。
⑯宋玉，見論於《文心‧辨騷‧詮賦‧雜文‧諧隱（隱或作讔）‧麗辭‧比興‧夸飾‧事類‧總術‧才略‧知音》等十一篇。
⑰曹植，字子建，見論於《文心‧明詩‧樂府‧頌讚‧祝盟‧誄碑‧哀弔‧雜文‧諧隱（或作諧讔）‧論說‧封禪‧章表‧神思‧定勢‧聲律‧事類‧練字‧指瑕‧時序‧才略‧知音‧序志》等二十一篇。
⑱見《文心‧才略》。
⑲見《文心‧物色》。

⑳ 見黃春貴《文心雕龍之創作論》（以下簡稱黃《論》）四十七頁。

㉑ 參閱《文心・練字》。

㉒ 同註㉑。

㉓ 見劉永濟《文心雕龍校釋》（以下簡稱劉《校釋》）一五三頁（華正書局印行）

㉔ 見劉《校釋》一五四頁

㉕ 見《文心・麗辭》。

㉖ 見王更生師重修增訂《文心雕龍研究》（以下簡稱《王研究》）（文史哲出版社印行）三九七頁。

㉗ 見鈴木虎雄《賦史大要》（地平線出版社印行）六九頁。

㉘ 見劉《校釋》一二九頁。

㉙ 同註㉗。

㉚ 見陳騤《文則》丙一（莊嚴出版社印行）十二頁。

㉛ 見王《研究》三九三頁。

㉜ 見劉《校釋》一四三頁。

㉝ 見《文心・夸飾》。

㉞ 同前註。

㉟ 見簡宗梧《司馬相如揚雄及其賦之研究》（以下簡稱簡《研究》）（作者自印）三五八頁。

㊱ 見《文心・事類》。

㊲ 同註㊲。

㊳ 見黃《論》八十三頁引《錢榘峴傭說詩》。

㊴ 見徐復觀《中國文學論集》（以下簡稱徐《論集》）（學生書局印行）一二八頁。

㊵ 見范文瀾《文心雕龍注》（以下簡稱《范注》）六三三頁。

㊶ 見劉《校釋》一五七頁。

㊷ 參閱黃錦鋐師主持《語釋詳語文心雕龍》（以下簡稱黃《文心》）一一四頁。（弘道文化事業有限公司印行）。

㊸ 參閱簡《研究》九三頁。

㊹ 同註㊷。

㊺ 見李曰剛《中國文學流變史辭賦篇》（以下簡李《辭賦》）一〇五頁。（聯實出版社印行）。

㊻ 同註㊷。

㊼ 同註㊷。

㊽ 參閱傅錫壬〈劉勰對辭賦作家及其作品的觀點〉（此文收在《文心雕龍研究論文集》）二一四頁。

㊾ 同註㊷。

㊿ 見李《辭賦》一二四頁。

51 參閱黃《文心》一一五頁。

52 見簡《研究》二四九頁。
53 同註51。
54 見李《辭賦》一二六頁。
55 見張清鐘《漢賦研究》六一—二頁。（商務印書館印行）
56 參閱《范注》五〇七—八頁，黃侃《文心雕龍札記》（文史哲出版社印行）九八—九九頁。
57 見郭紹虞〈賦在中國文學史上的位置〉（此文收在明倫出版印行之中國文學論叢，引文見該書二十二頁）。

【本文重要參考書目】

《文選》　蕭統選　李善注　藝文印書館
《昭明文選》　蕭統選　李善注　河洛圖書出版社
《文選學》　駱鴻凱　華正書局
《文心雕龍注》　劉勰著　范文瀾注　文史哲出版社
學海出版社
明倫書局
粹文堂書局
開明書店

《文心雕龍析論》 李中成 大聖書局
《文心雕龍新書》附通檢 王利器 成文出版社
《文心雕龍註訂》 張立齋 正中書局
《文心雕龍札記》 黃侃 文史哲出版社
《文心雕龍校釋》 劉永濟 華正出版社
《文心雕龍釋義》 彭慶環注述 華星出版社
《文心雕龍研究》 王更生師 文史哲出版社
《文心雕龍之創作論》 黃春貴 同前
《文心雕龍研究論文集》 黃錦鋐師等 淡江文理學院中文研究室
《文心雕龍研究論文選粹》 王更生師 育民出版社
《釋註文心雕龍選》（原名：文心雕龍釋註十八篇）郭晉稀 文津出版社
《語譯詳註文心雕龍》 黃錦鋐師主持王久烈等譯註 弘道文化事業有公司
《司馬相如揚雄及其賦之研究》 簡宗梧 作者自印
《漢賦源流與價值之商榷》 簡宗梧 文史哲出版社
《漢賦研究》 張清鐘 商務印書館
《賦史大要》 鈴木虎雄 地平線出版社

《中國文學流變史辭賦篇》　李曰剛　聯貫出版社
《文學研究法》　姚永樸　廣文書局
《中國文學論集》　徐復觀　學生書局
《文鏡秘府論》　遍照金剛　蘭臺書局
《中國文學論業》　明倫出版社
《中國文學史初稿》　王忠林等合著　石門圖書公司
《中國文學史》　蘇雪林　光啓出版社
《中國文學史》　孟瑤　大中國圖書公司
《文學研究論叢》　莊嚴出版社
《修辭學》　傅隸樸　正中書局
《修辭學發微》　徐芹庭　中華書局
《文則》　陳騤　莊嚴出版社
《文體辨體序說》　吳訥　長安出版社
《文體明辨序說》　徐師曾　長安出版社
《劉申叔先生遺書》(三)　劉師培　大新書局
《論衡校釋》　王充著　黃暉校釋　商務印書館

文字探索與文學理論的關係

——以《文心雕龍》爲例

一、前　言

劉勰《文心雕龍》係中國文學創作與批評理論最早的一部專著。《文心雕龍》除〈序志〉是緒論，〈原道〉至〈辨騷〉是文原論，〈明詩〉至〈書記〉是文體論，〈神思〉至〈總術〉是文術論，〈時序〉至〈程器〉是文評論。《文心雕龍》中所運用的文字，有些文字是本義，有些文字則是引申義，有些文字既非本義，又非引申義。不論本義、引申義、或非本義、非引申義，皆與文學理論攸關。囿於篇幅，僅從《文心雕龍》中所運用的「道」、「體」、「情」、「采」、「奇」、「正」等文字，來探索文學本源、文學體裁、文學創作、文學批評。本文以文字探索爲經，以文學理論爲緯，以《文心雕龍》爲例，君以闡析詮證。

二、道

《文心雕龍》中「道」字的涵義有十一種：㈠「道路」、「途徑」、「方法」之意。㈡「某種思想」、「學說」、「學理」之意。㈢「道家思想」之意。㈣「情理」、「文情」、「內容」、「義理」之意。㈤「一般的規律或法則」、「道理」之意。㈥「說」、「談」之意。㈦「人名」之意。㈧「言辭」、「文辭」、「文采」之意。㈨「傳統」、「作用」之意。㈩「文學藝術源於自然規律的自然」之意。⑾「體現自然之道的儒家聖人經典之道」之意。①但本文「道」字的探索，則以文原論爲主，加以闡論。至於「道」字旁及文體論、文術論的文句，則斟酌採用部分文句，來詮證與《說文》、段注有關的文字探索。

許愼《說文解字》云：「道，所行道也。」段玉裁注：「道者，人所行，故亦謂之行。道之引伸爲道理，亦爲引道。」②依《說文》之意，道是「道路」之意。《文心雕龍》中的「道」字，有「道路」之意，如《文心雕龍．哀弔》云：③

齊襲燕城，史趙蘇秦，翻賀為弔，虐民搆敵，亦亡之道。

齊宣王趁燕國辦喪事時，攻佔燕國十城，後來蘇秦游說齊王，先賀齊國佔領燕國十城，再哀弔六國已結下仇敵。這種製造仇敵的做法，也是走上亡國的道路。「亦亡之道」的「道」，是「道路」之意。〈哀弔〉是文體論的篇章，因此「道」字也運用到文體論的詞句。

按段注之意，「道理」是「道」字的引申義。《文心雕龍》中的「道」字，也有「道理」之意。如〈情采〉如云：

故立文之道，其理有三：一曰形文，五色是也；二曰聲文，五音是也；三曰情文，五性是也。

確立文章的辭采有三個道理：一是形式的辭采，由青、黃、赤、白、黑五種顏色組成的燦爛。二是聲律的辭采，由宮、商、角、徵、羽五種聲音組成的鏗鏘。三是情感的辭采，由仁、義、禮、智、信五種不同性情的感發。④「立文之道」的「道」，是「道理」之意。⑤〈情采〉是文術論的篇章，因此「道」字也運用到文術論的詞句。

《文心雕龍》首篇〈原道〉的「道」字，既不是「道路」之意，又不是「道理」之意，而是「文學藝術源於自然規律的自然」之意。劉勰認爲「自然」是文學的本源，因此「道」字是《文心雕龍》的文原論。文學源於「自然」，係共通性，是世界各國文學所共有的。像希臘亞里斯多德《詩學》，義大利克羅齊《美學原理》，俄羅斯托爾斯泰《藝術論》，我國朱光潛《文藝心理學》，上考下求，旁搜遠紹，都認爲「自然」是文學的本源。誠如王師更生所說：⑥

他們所以推「自然」為「文學」的本源者，正因為以「自然」為本源，是「文學」的通性。既是通性，便可以突破國界，適用於任何一國。

中國文學不止源於「自然」，也源於「經典」。中國文學源於「經典」，是獨特性，⑦是中國文學所特有的。〈原道〉闡述文學源於「自然」，〈宗經〉析論中國文學要祖述「經典」，所以王師更生說：⑧

中國文學既兼具「別性」，則「別性」中的「中國文學」，當然是以「經典」為其本源。

「經典」之所以成爲中國文學的本源，是由「自然」過渡到「經典」。因此，〈宗經〉：「經也者，恒久之至道」的「道」字，是「體現自然之道的儒家聖人經典之道」的意思。⑨何以如此？〈宗經〉云：

三極彝訓，其書曰經。……故象天地，效鬼神，參物序，制人紀，洞性靈之奧區，極文章之骨髓者也。

「三極」，指天、地、人，也叫三才。《周易・繫辭上》云：「六爻之動，三極之道也。」「三極」出自《周易》，「象天地」，也源自《周易》。《周易・繫辭上》云：「易有太極，是生兩儀，兩儀生四象，四象生八卦，八卦定吉凶，吉凶生大業，是故法象莫大乎天地。」「法象莫大乎天地」，即「象天地」的明證。「效鬼神」，見於《禮記》。《禮記・禮運》云：「夫禮必本於天，殽於地，列於鬼神。」鄭玄注：「聖人則天之明，因地之利，取法度於鬼神，以制禮樂教令也。」「列於鬼神」、「取法度於鬼神」，即「效鬼神」的印證。「參物序」，是參驗事物發展的興亡、盛衰、得失、消長的順序，用來觀風論政。司馬遷《史記・太史公自序》云：「《書》記先王之事，故長於風；《詩》記山川、谿谷、禽獸、草木、牝牡、雌雄，故長於風。」⑩由此觀之，「參物序」，源於《詩》、《書》。「制人紀」，是制定人倫的綱紀。〈太史公自序〉云：「《春秋》辨是非，故長於治人。」⑪由此可證，「制人紀」本於《春秋》。「洞性靈之奧區，極文章之骨髓」，是綜論五經義理精深，文字純美。總觀所述，「恆久之至道」的「道」是「體現自然之道的儒家聖人經典之道」的意思。

《文心雕龍》中的「道」字，在文原論中，有兩種意義：一是「文學藝術源於自然規律的自然」之意，二是「體現自然之道的儒家聖人經典之道」的意思。與《說文》的「道」字有關者，是文體論中的「道路」之意。與段注的「道」字相關者，是文術論中的「道理」之意。

三、體

《文心雕龍》中「體」字的涵義甚多，王金凌認爲「體」字涉及文學者，有六種涵義：篇幅、內容、形式、體要、體勢、泛指文章。⑫陳兆秀將《文心雕龍》全書中的「體」字，共出現一百八十八處，作詳盡的詮釋，分爲基本意義、引申義兩種。⑬基本意義有五種：㈠指文章的體裁、體制、體例、體式。㈡指文章。㈢指文章的內容、要旨、思想。㈣指文章的文辭、采藻、辭氣、語意。㈤指文章的風格。引申義有兩種：㈠指寫作方法、寫作要領。㈡指作品的辭約旨豐。但本文「體」字的探索，則以文體論爲主，以文原論、文術論、文評論爲輔。

《說文》云：「體，總十二屬也。」段注：「十二屬，許未詳言。今以人體及許書覈之，首之屬有三：曰頂、曰面、曰頤，身之屬三：曰肩、曰脊、曰臀，手之屬三：曰肱、曰臂、曰手，足之屬三：曰股、曰脛、曰足。合《說文》全書求之，以十二者統之，皆此十二者所分屬也。」⑭合《說文》、段注之意，簡言之，「體」是「人體」之意；詳言之，「體」是指人體十二部位。《文心雕龍》運用「體」字在文學理論上，罕用「人體」之意，多半用「文體」之意。如〈樂府〉云：

> 延年以曼聲協律，朱、馬以〈騷〉體製歌。

李延年用柔美而悠長的樂聲來協調音律，朱買臣和司馬相如用〈離騷〉的體裁來製作詩歌。「朱、馬以〈騷〉體製歌」的「體」字，是「體裁」之意。此外，如〈明詩〉：「四言正體。」〈詮賦〉：「雖合賦體」〈頌贊〉：「頌體以論辭。」〈誄碑〉：「傳體而頌文。」〈哀弔〉：「全爲賦體。」〈諧讔〉：「但本體不雅，其流易弊。」〈史傳〉：「創爲傳體。」〈論說〉：「詳觀論體。」〈書記〉：「書之爲體。」其中「體」字，皆是「文體」之意。

《文心雕龍》之原論的詞句，所運用「體」字，也有「體裁」之意。如〈宗經〉云：

> 《尚書》則覽文如詭，而尋理即暢；《春秋》則觀辭立曉，而訪義方隱。此聖文之殊致，表裡之異體也。

比較《尚書》和《春秋》行文的不同，是聖人爲文的特殊風格，由於外在的辭采和內在的義理，各有不同體裁的緣故。「表裡之異體」的「體」字，也是「體裁」之意。

《文心雕龍》文術論的詞句，所運用「體」字，也有「體裁」之意。如〈通變〉云：

> 設文之體有常，變文之數無方。

文體是經常不變的，但辭采卻變化多端，沒有固定的形式。「設文之體有常」的「體」字，也是「體裁」之意。

《文心雕龍》文評論的詞句，所運用「體」字，也有「體裁」之意。如〈才略〉云：

趙壹之辭賦，意繁而體疏。

趙壹所寫的辭賦，詞意繁複，而體裁疏略。「意繁而體疏」的「體」字，也是「體裁」之意。《文心雕龍》所運用「體」字的涵義，除「體裁」外，還有「寫作方法」之意，如〈麗辭〉云：

麗辭之體，凡有四對：言對為易，事對為難；反對為優，正對為劣。

對偶的寫作方法有四種：言對、事對、反對、正對。「麗辭之體」的「體」字，是「寫作方法」之意。此外，又如〈比興〉：「毛公述傳，獨標興體。」〈隱秀〉：「夫隱之爲體。」〈附會〉：「惟首尾相援，則附會之體。」其中「體」字，皆是「寫作方法」之意。除文術論所運用「體」字有「寫作方法」之意外，還有文體論所運用「體」字也有「寫作方法」之意。如〈檄移〉：「隴右之士，得檄之體矣。」「得檄之體矣」的「體」字，也是「寫作方法」之意。

《文心雕龍》所運用「體」字的涵義，不僅有「體裁」、「寫作方法」之意，也有「寫作要領」之意。如〈通變〉云：

是以規略文統，宜宏大體：先博覽以精閱，總綱紀而攝契。

規劃作文的全局，應該重視寫作要領：首先廣博地瀏覽，精細地閱覽，然後提綱挈領地把握寫作重點。「宜宏大體」的「大體」二字連用，是「寫作要領」之意。又如〈總術〉：「文場筆苑，有術有門，務先大體。」「務先大體」的「大體」，也是「寫作要領」之意。此外，如〈詮賦〉：「此立賦之大體也。」〈祝盟〉：「夫盟之大體。」〈哀弔〉：「原夫哀辭大體。」〈檄移〉：「凡檄之大體。」

其中「大體」二字，皆是「寫作要領」之意。《文心雕龍》所運用「體」字，還有「文章的風格」之意。如〈體性〉：「若總其歸塗，則數窮八體。」又如〈定勢〉：「莫不因情立體，即體成勢也。」其中的「體」字，都是「文章的風格」之意。此外，《文心雕龍》中的「體」字，尚有「文章的體製、體例、體式、內容、要旨、思想、文辭、采辭、辭氣、語意」之意，限於篇幅，不再贅及。

四、情與采

《文心雕龍》有〈情采〉，專講文章的內容與形式，因此一般人都認爲「情」是文章的內容，「采」是文章的形式，這是依文章的作法而言。其實，「情」、「采」二字尚有其他涵義。

㈠情

《文心雕龍》中的「情」字，共有一百三十八處，王金凌將「情」字的涵義，分爲俗見、情實、思考、情意等四種意義。⑮陳兆秀則分爲基本意義和引申意義兩種。⑯茲擇要闡論之。

《說文》云：「情，人之陰氣有欲者。」段注：「董仲舒曰：『情者，人之欲也。人欲之謂情，情非制度不節。』《禮記》曰：『何謂人情？喜、怒、哀、懼、愛、惡、欲七者，不學而能。』《左傳》曰：『民有好惡、喜怒、哀樂生於六氣。』《孝經援神契》曰：『性生於陽，以理執；情性於陰，以繫念。』」⑰《說文》的詮解，合董仲舒和《孝經援神契》之說。依《禮記》、《左傳》之說，則

「情」字是「人的各種情感」之意。人的情感，抒發出來，寫成文章，一般稱爲抒情文。《文心雕龍》中的「情」字，有「情感」之意者甚多。在文術論中的詞句，如〈體性〉：

夫情動而言形，理發而文見。

作者的情感受到外界的刺激，便表現在文章；思想受情感的牽引，就呈現在辭采。「情動而言形」的「情」字，是「情感」之意。又如〈定勢〉：「夫情致異區，文變殊術。」〈章句〉：「夫設情有宅，置言有位。」〈隱秀〉：「夫心術之動遠矣，文情之變深矣。」其中的「情」字，也是「情感」之意。在文原論中的「情」字，也有「情感」之意。如〈宗經〉：「文能宗經，體有六義：一則情深而不詭。」其中的「情」字，也是「情感」之意。在文體論中的「情」字，也有「情感」之意。如〈哀弔〉：「必使情往會悲，文來引泣，乃其貴耳。」其中的「情」字，也是「情感」之意。在文評論中的「情」字，也有「情感」之意。如〈鎔裁〉：「情理設位，文采行乎其中。」「情理設位」的「情」字，也是「情感」之意。其中的「理」字，是「思想」之意。文章的內容，應該包含「情感」、「思想」。「情感」，僅是文章內容的一部分，但《文心雕龍》中的「情」字也有泛指文章的內容，是修辭學的「借代」，屬於部分代全體的借代，亦無不可。如〈鎔裁〉：「草創鴻筆，先標三準：履端於始，則設情以位體。」「設情以位體」的「情」字，是「泛指文章的內容。」又如〈知音〉：「是以將閱文情，先標六觀。」〈序志〉：「剖情析采，籠圈條貫。」其中的「情」字，都是「泛指文章的內容。」

(二)采

《文心雕龍》中的「采」字，共有一百處。「采」字的涵義，《說文》：「采，捋取也。」段注：「〈大雅〉曰：『捋采其劉，周南芣莒。』傳曰：『采，取也。』又曰：『捋，取也。』是采、捋同訓也。《詩》又多言『采采卷耳。』傳曰：『采采，事采之也。』〈曹風〉：『采采衣服。』傳曰：『采采，衆多也。』〈秦風〉：『蒹葭采采。』傳曰：『采采，猶萋萋也。』此三傳，義略同，皆謂可采者衆也。凡文采之義本此。俗字，手采作採，五采作彩，皆非古也。〈釋詁〉曰：『采，事也。』此言假借，采、事同在一部也。」⑱「采」字，依照《說文》的詮釋，是「採取」之意。按照段注之說，後世之以「采」爲「文采」之意，即本乎《詩經》的注解。

《文心雕龍》中的「采」字，有「文采」之意者，如〈定勢〉：

因利聘節，情采自凝。

情感和文采應該水乳交融，凝合成爲美妙的作品。「情采自凝」的「采」字，是「文采」之意。又如〈鎔裁〉：「凡思緒初發，辭采苦難。」〈時序〉：「孝武多才，英采雲構。」〈知音〉：「昔屈平有言：『文質說內，衆不知余之異采。』」其中的「采」字，都是「文采」之意。

《文心雕龍》中的「采」字，也有「色采」之意者，如〈定勢〉：

雖復契會相參，質文互雜，譬五色之錦，各以本采為地矣。

「本采」的「采」字，是「色彩」之意。這裡譬喻各體文章的特色。文章不同體裁的特色，好像色彩有不同的顏色。依段注之意，「色彩」之「彩」，本作「采」，俗作「彩」。「采」字是「文采」之意，指文章的形式，但也有「泛指文章」之意，這是部分代全體的借代。《文心雕龍》中的「采」字，也有「泛指文章」之意。如〈事類〉云：

夫以子雲之才，而自奏不學，及觀書石室，乃成鴻采。

揚雄雖然才高八斗，學富五車，但謙沖地自稱才學淺，等到他研讀石室的藏書，卻寫出鴻文巨著來。「乃成鴻采」的「采」，是「文章」之意。

《文心雕龍》中的「采」字，與段注有關者，是「文采」之意、「色彩」之意。至於「文章」之意，是由「文采」的借代而成，也可以說是間接相關。

五、奇與正

劉勰論文學批評的方法，在〈知音〉中提出六觀，其中的第四項是「觀奇正」。文學雖力求新奇，但必須雅正。「奇」字，在《文心雕龍》中出現四十八處；「正」字，在《文心雕龍》中則出現七十二處。「奇」、「正」二字，各有不同涵義。

㈠奇

「奇」字，《說文》：「奇，異也。一曰不耦。」段注：「不群之謂。奇耦字當作此，今作『偶』，俗。按二義相因。」⑲段注以為「異，是『與眾不同』之意」、「不耦，是『奇偶之奇』的意思」。合《說文》、段注之說，「奇」字是「標新立異，與衆不同」之意。「標新立異」，正面引申爲「新奇動人」之意，反面引申爲「詭異怪誕」之意。「與衆不同」，引申爲「奇特超凡」之意。

《文心雕龍》中的「奇」字，有「新奇動人」之意者，如〈才略〉云：

漢室陸賈，首案奇采，賦〈孟春〉而進《新語》，其辯之富。

陸賈憑著新奇動人的辭采，開創古賦的先河，作〈孟春賦〉三篇，又作《新語》一書，他的辯才既廣博又雅麗。「首案奇采」的「奇」字，是「新奇動人」之意。在文體論中的「奇」字，也有「新奇動人」之意，如〈明詩〉：「儷采百字之偶，爭價一句之奇。」在文評論中的「奇」字，也有「新奇動人」之意，如〈神思〉：「意翻空而易奇，言徵實而難巧也。」

《文心雕龍》中的「奇」字，也有「詭異怪誕」之意者，如〈知音〉云：

愛奇者聞詭而驚聽。

喜愛奇詭怪的人聽到內容詭誕的文字，就驚心動魄，非常嚮往。「愛奇者」的「奇」字，是「詭異怪誕」之意。又如〈正緯〉：「今經正緯奇。」〈史傳〉：「然俗皆愛奇，莫顧實理。」〈定勢〉：「新學之銳，則逐奇而失正。」〈序志〉：「辭人愛奇，言實浮詭。」其中的「奇」字，都是「詭異怪誕」之意。

《文心雕龍》中的「奇」字，尚有「奇特超凡」之意者，如〈夸飾〉云：

莫不因夸以成狀，沿飾而得奇也。

兩漢的古賦，由於誇飾的描繪手法，才能形成奇特超凡的特色。「沿飾而得奇」的「奇」字，是「奇特超凡」之意。又如〈辨騷〉：「馬、揚沿波而得奇」其中的「奇」字，也是「奇特超凡」之意。

㈡正

「正」字，《說文》：「正，是也。」又：「是，直也。」段注：「十目燭隱，則曰直。以日爲正，則曰日。從日正，會意。天下之物，莫正於日也。《左傳》曰：『正直爲正，正曲爲直。』」⑳「正」字，是「正直」之意，引申爲「雅正」之意。如〈樂府〉云：

逮及元、成，稍廣淫樂，正音乖俗，其難也如此。

漢元帝、漢成帝時，宮廷權貴生活奢侈，靡靡之音泛濫，雅正的音樂被世俗排斥，要正本清源，難如登天。「正音乖俗」的「正」字，是「雅正」之意。又如〈雜文〉：「崔瑗〈七蘇〉，植義純正。」「植義純正」的「正」字，也是「雅正」之意。

「正直」之意，也可以引申爲「正規」之意。如〈明詩〉云：

若夫四言正體，則雅潤為本。

四個字一句是詩歌的正規體裁，寫作的技巧以典雅溫潤的風格爲根本。「四言正體」的「正」字，是「正規」之意。又如〈論說〉：「石渠論藝，白虎講聚，述聖通經，論家之正體也。」「正體」的「正」字，也是「正規」之意。

「正直」之意，也可以引申爲「平正呆板」之意，如〈麗辭〉云：

反對為優，正對為劣。

上下兩分句的對偶，其意義是正反對比的，叫做反對。若上下兩分句的對偶，其意義都是正面的，叫做正對。因此，劉勰認爲正面意義的對句，是平正呆板的對句，比較拙劣。此外，「正」字，在《文心雕龍》中的涵義，尚有「正確」、「正道」、「教誡」之意。㉑

六、結論

從「道」、「體」、「情」、「采」、「奇」、「正」六字，來探索《文心雕龍》運用此六字在文學理論上有何關係？「道」字側重文原論，但文體論、文評論也有兼及；「體」字則側重文體論，但文原論、文術論、文評論也有兼及；「情」、「采」二字卻側重文術論，但文原論、文體論、文評論也有兼及；「奇」、「正」二字則偏重文評論，但文原論、文體論、文術論也有兼及。一言以蔽之，「道」、「體」、「情」、「采」、「奇」、「正」六字與文學理論是息息相關的。

【附註】

① 詳見拙作〈文心雕龍中「道」字的涵義〉，參閱第二屆中國訓詁學學術研討會論文集，頁一〇七～一一七，文史哲出版社印行，一九九五年十二月初版。

② 《說文》、段注皆見於段玉裁《說文解字注》，頁七六，蘭臺書局印行，一九七〇年十月再版。

③ 由此以下，凡援引《文心雕龍》原文，逕稱篇名，不再贅及書名，以求簡潔。

④「五性」有三種說法：㈠仁、義、禮、智、信。㈡喜、怒、欲、懼、憂。㈢心性躁、肝性靜、脾性力、肺性堅、腎性智。（見李蓁非《文心雕龍釋譯》，頁四〇八，江西人民出版社印行，一九九三年一月初版。）一般多採用第一種說法。

⑤「道」字解釋爲「道理」，參閱馮春田《文心雕龍語詞通釋》，頁四〇二，明天出版社印行，一九九〇年十月初版。

⑥ 見王師更生《中國文學的本源》，頁六～七，臺灣學生書局印行，一九八八年十一月初版。文學源於「自然」，筆者稱爲「共通性」，王師則稱爲「通性」。

⑦ 筆者稱爲「獨特性」，王師則稱爲「別性」。

⑧ 同註⑥，頁七。

⑨ 同註①，頁一一三～一一四。

⑩ 見瀧川龜太郎《史記會注考證》，頁一三三七，藝文印書館印行，一九七二年二月初版。

⑪ 同註⑩。

⑫ 詳見王金凌《文心雕龍文論術語析論》，頁二一八～二三二，華正書局印行，民國七十六年六月初版。

⑬ 詳見陳兆秀《文心雕龍術語探析》，頁九〇～一一六，文史哲出版社印行，民國七十五年五月初版。

⑭ 同註②，頁一六八。

⑮同註⑫，頁六五～八七。
⑯同註⑬，頁一五七～一六五。
⑰同註②，頁五〇六。
⑱同註②，頁二七〇。
⑲同註②，頁二〇六。
⑳同註②，頁七〇。
㉑同註⑬，頁二一六。

【參考書目舉要】

文心雕龍斠詮　李師曰剛　國立編譯館
文心雕龍研究　王師更生　文史哲出版社
文心雕龍讀本　王師更生　文史哲出版社
文心雕龍　王師更生　黎明文化公司
文心雕龍釋譯　李蓁非　江西人民出版社
文心雕龍學綜覽　《文心雕龍學綜覽》編委會編　上海書店
文心雕龍語詞通釋　馮春田　明天出版社

文心雕龍文論術語析論　王金凌　華正書局
文心雕龍術語探析　陳兆秀　文史哲出版社
中國文學的本源　王師更生　臺灣學生書局
史記會注考證　瀧川龜太郎　藝文印書館
說文解字注　段玉裁　蘭臺書局

《文心雕龍》修辭理論對後世的影響

一、前　言

劉勰《文心雕龍》是一部體大思精，光耀古今的奇書，不僅是中國最早的文學理論與批評的專書，也是修辭理論的著作。正如日本島村抱月《新美辭學》說：「到梁劉勰的《文心雕龍》，中國才有一部完全的修辭學。」又說：「中國修辭學的祖師是劉勰。」

《文心雕龍》有關修辭理論的闡述，以往有學者涉及，如王師忠林〈文心雕龍所述辭格析論〉①，詹鍈〈文心雕龍的修辭學〉②，駱小所〈劉勰文心雕龍的修辭論〉③，沈謙〈比興、夸飾、用典、隱秀—文心雕龍論修辭方法〉④，蔡宗陽〈文心雕龍的修辭技巧〉⑤，但多半側重《文心雕龍》的修辭理論，很少析論《文心雕龍》對後世修辭理論的影響。本文擬以《文心雕龍》的修辭理論爲經，現代修辭理論爲緯，闡論常用、常見辭格的名稱、意義、產生、原則、作用、分類，或多或少，莫不受《文心雕龍》的影響。

《文心雕龍》論修辭技巧者，有〈麗辭〉論對偶，〈比興〉論譬喻，〈夸飾〉論夸飾，〈事類〉

論引用，〈諧讔〉論雙關，〈練字〉論類疊、頂針、回文，〈章句〉論感歎，〈隱秀〉論婉曲、警策。因篇幅所限，僅闡析對偶、譬喻、夸飾、引用、雙關。茲依次論述之。

二、對偶

所謂對偶，是指在語文中，凡是同句中的上下兩個短語以及上下兩個、四個、六個或六個以上短句中的奇句與偶句，字數相等，句法相似，詞性相同，平仄相對的一種修辭技巧。由於漢、魏、南北朝的駢文中對偶句甚多，所以對偶又叫駢麗、麗辭，民間卻俗稱爲對子。⑥對偶也叫對仗，是文章修辭法的一種。「仗」字的意義，是從「儀仗」而來，「儀仗」是兩兩相對，所以兩兩相對的辭句叫做對仗，也稱爲對句。⑦對偶又稱爲麗辭，見於譚正璧《修辭新例》：「對偶法，在有的修辭學書上，叫做儷辭法。」⑧還有宋文翰《國文修辭學》。徐芹庭《修辭學發微》、蔣金龍《演講修辭學》，也都認爲對偶也叫儷辭。張嚴《修辭論說與方法》以爲對偶又叫對耦。⑨現代修辭學的書籍，採用「對偶」一詞，如陳望道《修辭學發凡》、陳介白《修辭學講話》、徐芹庭《修辭學發微》、宋文翰《國文修辭學》、黃師慶萱《修辭學》、蔣金龍《演講修辭學》、董季棠《修辭析論》、鄭頤壽《比較修辭》、王希杰《漢語修辭學》、黃民裕《辭格匯編》、高葆泰《語法修辭六講》、程希嵐《修辭學新編》、宋振華、吳士文、張國慶、王興林主編《現代漢語修辭學》、錢覺民、李延裕《修辭知識十六講》、季紹德《古漢語修辭》、黎運漢、張維耿《現代漢語修辭學》、李維琦《修辭學》、路燈照、成九田《古詩文修辭例話》、鄭頤壽、林承璋主編《新編修辭學》、唐松波、黃建霖主編《漢語修辭格大辭典》、吳桂海、鮑慶林主編《語法修辭新論》、沈謙《修辭學》、劉煥輝《修辭學綱要》、周靖《現代漢語語法修辭》、鄭文貞《篇章修辭學》、成偉鈞、唐仲揚、向宏業主編《修辭通鑒》、馬鳴春《稱謂修辭學》、胡性初《實用修辭學》⑩，也有採用「儷辭」一詞，如唐鉞《修辭格》、黃永武《字句鍛鍊法》、高登偉《第一流修辭法》⑪；但以採用「對偶」者爲最多，採用「儷辭」者比較罕見。綜觀「對偶」的異稱，有駢麗、麗辭、對子、對仗、對句、儷辭、對耦，皆名異實同。其中「麗辭」，源於《文心雕龍》篇名。採用「儷辭」，可能受《文心雕龍．麗辭》篇名的影響。沈謙《文心雕龍之文學理論與批評》說：「麗辭者，駢儷之辭也，即對偶之修辭方法也。」「麗辭」與「儷辭」，是息息相關，密不可分。

劉勰認爲對偶的原則，是本乎自然，他在《文心雕龍．麗辭》中說：

夫心生文辭，運裁百慮，高下相須，自然成對。

所謂「自然」，是當然而然，不知其所以然而然，自己本有，不假外求。「自然」是不必勉強，如畫家描繪自然之妙，可以著手成春。對偶是自然成對，並非有意媲配，誠如黃永武《字句鍛鍊法》說：「原始的對句，是出於自然而不勞經營的。」⑫黃師慶萱《修辭學》也說：「好的對偶，應該是自自然然。」⑬如韋應物〈淮上喜會梁州故人〉：

浮雲一別後，流來十年間。

「浮」比喻兩人行蹤不定，「流水」比喻兩人年華消逝。文意一貫，字字相對，最爲自然。現代修辭學論對偶的原則，也是本乎自然，這是受《文心雕龍》所說「自然成對」的影響。

劉勰論對偶的分類，分爲四對，他在《文心雕龍．麗辭》中說：

麗辭之體，凡有四對：言對為易，事對為難；反對為優，正對為劣。

劉勰將對偶分爲言對、事對、反對、正對四種。現代修辭學論對偶的分類，或以形式分，或以內容，或以文體，見仁見智，各有特色。就內容分，一般分爲正對、反對、串對三種，再細分若干小類，如人名對、地名對、方位對、顏色對、干支對、數目對等。顯而易見，正對、反對是受《文心雕龍》的影響。主張對偶分爲正對、反對兩種，僅宋文翰《國文修辭學》。⑭主張對偶分類正對、反對、串對三種，有高葆泰《語法修辭六講》、黃民裕《辭格匯編》、錢覺民、李延裕《修辭知識十八講》、程希嵐《修辭學新編》、鄭頤壽《比較修辭學》、宋振華、吳士文、張國慶、王興林《現代漢語修辭學》、黎運漢、張維耿《現代漢語修辭學》、宋維琦《修辭學》、吳桂海、鮑慶林主編《語法修辭新論》、唐松波、黃建霖主編《漢語修辭格大辭典》、武占坤主編《常用辭格通論》，劉煥輝《修辭學綱要》、周靖《現代漢語語法修辭》。⑮所謂串對，又叫流水對，是指上下兩句在意義上具有承接、轉折、因果、條件、假設等關係的對偶。「串對」是《文心雕龍》未曾論述，但《文心雕龍》所說的「言對」、「事對」，現代修辭學並未談到。一言以蔽，現代修辭學所謂正對、反對，是受《文心雕龍．麗辭》的影響。

現代修辭學談對偶（又叫儷辭）的名稱、原則、分類，多多少少受《文心雕龍・麗辭》的影響，這是不容置疑的。

三、譬喻

譬喻，又叫比、譬、比喻、打比方，現代修辭學多半採用「譬喻」或「比喻」。⑯所謂譬喻，是一種「借彼喻此」的修辭方法。劉勰所謂「比」，就是「譬喻」，他在《文心雕龍・比興》中說：

比者，附也。……附理者，切類以指事。……何謂為比？蓋寫物以附意，颺言以切事者也。

所謂「比附」，是採用近似者互相比喻，採取類似點來指明事實。所謂「寫物以附理，颺言以切事」，藉描述外在的事物來譬喻內在的事理。現代修辭學不論採用「譬喻」，或是「比喻」，就意義而言，都是受《文心雕龍・比興》的影響。採用「譬喻」一詞者，有陳介白《修辭學講話》、陳望道《修辭學發凡》、鄭業建《修辭學》、譚正璧《修辭新例》、徐芹庭《修辭學發微》、宋文翰《國文修辭學》、黃師慶萱《修辭學》、蔣金龍《演講修辭學》、董季棠《修辭析論》、吳正吉《活用修辭》、曾師忠華《作文津梁》、沈謙《修辭學》、蔡宗陽〈論譬喻的分類〉。⑰採用「比喻」一詞者，有夏宇衆《修辭學大綱》、倪寶元《修辭》、高葆泰《語法修辭六講》、趙克勤《古漢語修辭簡論》、黎運漢、張維耿《現代代漢語修辭學》、吳士文《修辭格論析》、姚殿芳、潘兆明《實用漢語修辭》、蔣希文《修辭淺說》、程祥微、田小琳《現代漢語》、張靜、鄭遠漢《修辭學教程》、劉煥輝《修辭綱要》、鄭文貞《篇章修辭學》、馬鳴春《稱謂修辭學》、胡性初《實用修辭》等。⑱大陸地區修辭學專家學者多半採用「比喻」，臺灣地區修辭學者多半採用「譬喻」，但採用「譬喻」較佳，以免與「比擬」混淆。

譬喻的原則，劉勰認爲以切至爲貴，他在《文心雕龍・比興》中說：

> 比類雖繁，以切至為貴，若刻鵠類鶩，則無所取焉。

所謂「切至」，就是譬喻必須貼切，要把握兩件事物的相似之處，做到恰到好處的譬喻。黃季剛《文心雕龍札記》又申論說：「切至之說，第一不宜沿襲，第二不許蒙籠。」陳望道《修辭學發凡》也說：「要用譬喻，約有兩個重要點必須留神：第一、譬喻和被譬喻的兩個事物有必須有一點極相類似；第二、譬喻和被譬喻的兩個事物必須本質上極其不同。倘缺第一要點，譬喻當然不能成立；若缺第二個要點，修辭學上也不能稱爲譬喻。」譬喻假如不能互相類似，便會蒙籠而不貼切，也會變作「刻鵠類鶩」。倘若在本質不相同，兩件事物互相沿襲，不僅不能彼此譬喻，也不能發揮譬喻的作用。⑲黃師慶萱論譬喻的消極原則，首先是「不可太類似」⑳；又論譬喻的積極原則，認爲「喻體與喻依在本質上必須不同」㉑。譬喻固然要有一點類似，但不可太類似，如「柳橙像橘子」、「荔枝像龍眼」、「酒瓶像醬油瓶」，這種「太類似」，不但平淡無奇，也不能算好的譬喻。陳、黃二氏之說，合乎「切至」，因此現代修辭學論譬喻的原則，與《文心雕龍・比興》所闡析的譬喻原則，極有密切關係。

劉勰論譬喻的分類，分為比義、比類兩種，他在《文心雕龍・比興》中說：

金錫以喻明德，珪璋以譬秀民，螟蛉以類教誨，蜩螗以寫號呼，澣衣以擬心憂，卷席以方志固；凡斯切象，皆比義也。至如麻衣如雪，兩驂如舞，若斯之類，皆比類者也。

劉勰列舉六個例證來闡述比義。所謂比義，是指用具體的事物來譬喻抽象的義理。劉勰又列舉兩個例證來闡明比類。所謂比類，是指用具體的事物來譬喻具體的形貌。劉勰就作用來分譬喻的類別，將譬喻分為比義和比類兩種。譬喻的作用，在於「說明」、「形容」。正如黃師慶萱所說：「譬喻可以用作『說明』。意義難於了解的，可以易知的比方說明它；意義抽象的事理，也可以具體的事物來比方說明。譬喻還可以用來『形容』。」㉒其中「意義抽象的事理，也可以具體的事物來比方說明」，正是劉勰所說的「比義」。黃師論述譬喻的作用，與劉勰所闡析的「比義」，有些相關。至於現代修辭學論譬喻的分類，不受《文心雕龍》影響。

劉勰論譬喻的意義、名稱、原則，或多或少，都影響了現代修辭學。但劉氏論譬喻的分類，卻影響了現代修辭學論譬喻的作用，並未影響譬喻的分類。現代修辭學論譬喻的分類，多半分為明喻、隱喻（又叫暗隱）、借喻三種；或加略喻，成為四類；又加假喻或博喻或合喻，成為五類。㉓譬喻的分類，大陸學者有分為二十四類，筆者分為五大類、四十五小類。㉔現代修辭學論譬喻的分類，似乎與《文心雕龍》論譬喻的分類，毫無關係。

四、夸飾

所謂夸飾，是指在語文中，誇張鋪飾超過客觀事實的一種修辭方法。郭晉稀《文心雕龍譯註十八篇》說：「夸飾照今天的話說，就是夸張。創作上的夸張，不等於單純的夸大，而是指集中刻劃，修飾文辭，使形象鮮明突現出來。本文用〈夸飾〉命篇，兼『夸張』和『修飾』兩方面的意義。」夸飾是用夸張的手法來集中刻劃，這種方法本身就有一種修飾作用。㉕夸飾的名稱，現代修辭學書，如楊樹達《漢文文言修辭學》稱爲「形容」，陳望道《修辭學發凡》叫做「鋪張」或「夸張」㉖，陳介白《修辭學講話》稱爲「誇張」，黃師慶萱《修辭學》叫做「夸飾」。黃師採用「夸飾」一詞，是受《文心雕龍・夸飾》的影響。陳介白採用「誇張」一詞，是受《文心雕龍・通變》的影響。《文心雕龍・通變》說：「夫誇張聲貌，則漢初已極。」（也叫「誇飾」），大陸學者多半採用「誇張」（又叫夸張）。不論是採用「夸飾」或「誇張」，都是受《文心雕龍》的影響。誠如鄭子瑜所說：「後人論修辭，當談到誇張辭的時候，每說《文心雕龍》之所謂『夸辭』，就是我們現在所說的『誇張』，這是沒有注意到〈通變〉篇已經用了『誇張』一辭的緣故。」㉗其實，「夸飾」、「誇張」，《文心雕龍》都有採用，只是〈夸飾〉係篇名，比較醒目。

夸飾的原則是什麼？劉勰在《文心雕龍・夸飾》中說：

> 飾窮其要，則心聲鋒起；夸過其理，則名實兩乖。若能酌《詩》、《書》之曠旨，翦揚馬之甚泰，使夸而有節，飾而不誣，亦可謂之懿也。

劉勰認爲美文固然要夸飾，但必須有節度。「夸過其理，名實兩乖」，這是避免夸飾的毛病。「酌

《詩》、《書》之曠旨，翦揚馬之甚泰」，這是夸飾的典範，也是夸飾的警惕。眞正夸飾的原則，是「夸而有節，飾而不誣」。所謂「夸而有節」是指夸飾運用得恰當，即〈夸飾〉所說的「壯辭可得喻其眞」，「因夸以成狀，沿飾而得奇」。所謂「飾而不誣」，是指夸飾不要使人誤會，流於欺騙，即〈夸飾〉所謂的「事義睽刺」，「夸過其理」，「曠而不溢，奢而無玷」。㉘陳望道《修辭學發凡》論夸飾的原則有二：㈠主觀方面須出於情意之自然的流露；如《古文苑》裡名爲宋玉作的〈大言賦〉、〈小言賦〉，完全出於造作，可說毫無意義。㈡客觀方面須不致誤爲事實，如「白髮三千丈」，決不致誤爲事實，倘不說「三千丈」而說「三尺」，那便容易使人誤爲事實。如被誤爲事實，那便不是修辭上的鋪張，只是實際上的說謊。陳介白《修辭學講話》則提出夸飾的三點原則：㈠須使感情豐富顯著，㈡須使人不起疑惑之感，㈢須有適當的音調以保持情感。陳介白提出音調的配合，這是利用聲音來加強夸飾的氣氛。其餘兩點原則和陳望道的主張是一致的。陳望道論夸飾原則的第一項，是劉勰「夸而有節」的申論。「夸而有節」，就是夸飾得當。如何才能夸飾得當？不僅要出之於情意的自然流露，也要「爲情而造文」，充分發揮夸飾的效用，才能呈現作者要表達的眞情實感。因此，「夸而有節」不但與陳望道論夸飾的第一項原則有關，與陳介白論夸飾的第二點原也有密切關係。陳望道論夸飾的第二項原則與陳介白論夸飾的第二點原則，即劉勰所說「飾而不誣」。㉙正如鄭子瑜《中國修辭學史》說：「既然用了誇張辭，便應該誇張到底，不必再顧到合於邏輯與否；如果誇張得不夠，讀者不知其在用誇張的修辭法，反會發生誤解哩。」㉚

劉勰雖未明言夸飾的種類，但他在《文心雕龍．夸飾》中，列舉夸飾的八種例證，約略可以歸納夸飾的種類。「嵩高極天」，形容高山陡險，高聳到雲霄；這是「空間的夸飾」，也是「放大的夸飾」。「河不容舠」，形容河川狹窄，浮不了小船；這是「空間的夸飾」，也是「縮小的夸飾」。「子孫千億」，形容子孫衆多；這是「數量的夸飾」，也是「放大的夸飾」。「襄陵舉滔天之目」，描述洪水漲上山陵，水漫了蒼天；這是「空間的夸飾」，也是「放大的夸飾」。「倒戈立漂杵之論」，描繪敵人的敗退，死傷慘重，說是血流漂杵；這是「物象的夸飾」，也是「放大的夸飾」。「鴞音之醜，豈有泮林而變好」，描敘貓頭鷹叫聲難聽，難道牠吃了學宮旁的桑葚，聲音就變得好聽了嗎？這是夸飾學宮的感化力量，屬於「物象的夸飾」，也是「放大的夸飾」。「荼味之苦，寧以用原而成飴」，敘述荼菜的味道很苦，怎麼會因爲生長在岐山的原野就化作甜菜呢？這是夸飾周朝前人恩澤的浩大，屬於「物象的夸飾」，也是「放大的夸飾」。一言以蔽之，八種例證運用了「放大的夸飾」、「縮小的夸飾」、「空間的夸飾」、「數量的夸飾」、「物象的夸飾」。沈謙《修辭學》論夸飾的種類，依類材對象分，可分爲五種：空間的夸飾、時間的夸飾、物象的夸飾、人情的夸飾、數量的夸飾。依表達方式，可爲放大、縮小兩種。㉛除了時間的夸飾、人情的夸飾之外，其他各種夸飾，劉勰在例證中，都已運用了。

現代修辭學論夸飾的名稱、原則、種類，或多或少都與《文心雕龍》有關。此外，夸飾的產生因素也跟《文心雕龍》有關。夸飾產生的因素有二：㈠主觀因素是「語不驚人死不休」，作者想要「出語驚人」。(二)客觀因素是「愛奇者聞詭而驚聽」，「俗人好奇，不奇，言不用也」，讀者的好奇心理。㉜其中「愛奇者聞詭而驚聽」，見於《文心雕龍．知音》，因此夸飾的產生因素與《文心雕龍》也有密切關係。

五、引用

劉勰《文心雕龍．事類》說：「事類者，蓋文章之外，據事以類義，援古以證今者也。」所謂「事類」，就是引事比類，也是古時候所謂「用典」，現代修辭學所謂「引用」。㉝張仁青《駢文學》說：「夫典，事也。所謂典故，古之事也，亦即歷史之事也。是以典之定義，凡引證歷史中事實及前人言語入放文者，皆曰典故，前者謂之『用事』，後者謂之『用語』。」㉞由此可見引用，又叫事類、用典、用事、用詞。此外，引用又叫重言。正如黃師慶萱《修辭學》說：「所謂『重言』，就是重複地位重要者之言論，以期受人重視的意思，也就是本文所稱之『引用』。」㉟就意義而言，不論引用、用典、用事、用詞、重言，與事類都有息息相關。

所謂引用，是指劉勰撰寫《文心雕龍》時，徵「引」古人的事跡，以證驗意義；援「用」前賢的文辭，以闡明事理的一種修辭方法。鄭子瑜說：「〈事類〉篇是古今第一篇專論『引用』辭格的文章，全篇沒有一個字不是談論引用辭格。……他（指劉勰）稱引用為事類。他替這個辭格下定義說：『事類者，蓋文章之外，據事以類義，援古以證今者也。』」陳望道先生的《修辭學發凡》，替每個辭格下定義，用的也正是這個方法。」㊱由此可見，引用的定義對現代修辭學的影響。

引用的方式，蓋有二端：一是「略舉人事，以徵義」，這是「略引」；二是「全引成辭，以明理」，這是「全引」。前者是略舉古人的事跡，以徵驗意義；後者是完全援引前賢的文辭，以闡明事理。劉永濟《文心雕龍校釋》說：「文家用典，亦修辭之一法。用典之要，不出以少字明多意。其大別有二：一用古事，二用成辭。用古事者，古事以證今情也；用成辭者，引彼語以明上心義也。擾古事以證今情之類，約有四端：一曰直用，二曰渾用，三曰綜合，四曰假設。……用成辭以明今義之類，亦約分四項：一曰全句，二曰隱括，三曰引證，四曰借字。」㊲鄭子瑜說：「（他指劉勰）指出屈原、宋玉作《離騷》，雖然援引古事，卻並未照抄原文。這我們稱之為『暗引』的修辭法。至如賈誼的〈鵬賦〉，引用《鶡冠子‧世兵》篇的語句；司馬相如的〈上林賦〉，引用李斯〈諫逐客書〉的語句……等。這我們稱之為『明引』法。」㊳綜觀所述，劉勰雖未明言引用的種類，但他在《文心雕龍‧事類》已論及「全引」、「略引」、「明引」、「暗引」（又叫「暗用」）。陳望道《修辭學發凡‧引用》說：「引用故事成語，約有兩個方式：第一，說出它是何處成言故事的，是明引法；第二，並不說明，單將成語故事編入自己文中的，是暗用法。」其實引用故事或引用成辭都可以分為明引、暗用，不限於故事。黃師慶萱《修辭學》將引用分為明引、暗用兩大類。明引又分為全引、略引兩種。暗用又分為全用、略用兩種。㊴現代修辭學專家學者，將引用分為明引、暗用，有陳望道、譚正璧、黃師慶萱、錢覺民、李延祚。黃民裕、程希嵐、沈謙、董季棠等人。㊵將引用分為明引、暗引者，有張嚴、吳正吉、季紹德、王德春，鄭文貞等人。㊶綜觀所述，現代修辭學論引用的分類，多半受《文心雕龍》的影響。

劉勰認爲引用故事或成辭的作用，在於「明理引乎成辭，徵義舉乎人事」。引用成辭可以明理，列舉人事可以徵義。其實不論引用成辭或列舉人事，都有明理徵義的作用。明理，是指表明事理。徵義，是指證成其說。陳介白《修辭學講話》：「設如選擇爲人所易了解或適當的名著故事或成語，則極能增加文辭的力量而使讀者相信。」㊷引用成辭或故事，不止可以明理則理更明，徵義則義更達，也可以增強文辭表達的力量，增加說服力。㊸現代修辭學論引用的作用有三：㈠引用權威或經典著作或他人言論，使論據確鑿、充分，增強說服力。㈡能使青達含蓄深刻，富於啓發性。㈢使語言簡煉，生動活潑，富於表現力。㊹其中第一、三項與劉勰論述有關，因此現代修辭學論引用的作用與劉勰《文心雕龍．事類》有密切的關係。

引用的原則，劉勰在《文心雕龍．事類》中說：

> 是以綜學在博，取事貴約，校練務精，據理須覈，眾美輻輳，表裡發揮。

引用的原則，在於學識要求廣博，居事實求要約，校練務須精細，據理必須明覈，如此才能「理得而義要」。黃師慶萱認爲引用的消極原則有六：㈠引用不正確的意見，當加案語。㈡引用不可失其原意。㈢不可使用僻典。㈣引用當據原文，不可輾轉抄襲。㈤避免艱深賣弄的引證。㈥引用文字不可破壞全文語調的統一性。黃師又提出引用的積極原則有四：㈠必須訴之於合理的權威。㈡提供一種簡潔而形象化的文字。㈢儘可能使引用成為一種委婉含蓄的語言。㈣儘可能在新舊融會中產生喜悅和滿足。㊺黃師論引用的原則，簡直是劉勰談引用原則的申論，並且十分翔實。

現代修辭談引用的名稱、意義、種類、作用、原則，與劉勰《文心雕龍・事類》，或多或少，都有密不可分的關係。

六、雙關

黃師慶萱認為劉勰《文心雕龍・諧讔》論雙關的功能，在於「大者興治濟身，其次弼違曉惑」；雙關的心理基礎，則是「意生於權論，而事出於機急」。㊻所謂雙關的功能，是雙關的作用。所謂雙關的心理基礎，是雙關的產生。如何使「雙關」能「擄危釋憊」，而不致「德音大壞」，黃師慶萱以為必須注意三項原則：㈠要蘊藉，㈡要風趣，㈢要鮮活。㊼黃師指出「雙關」的原則，必須本著劉勰《文心雕龍・諧讔》所說：「古之嘲隱，振危釋憊。雖有絲麻，無棄菅蒯。會義適時，頗益諷誡。空戲滑稽，德音大壞。」

現代修辭學論雙關的產生、原則、作用，與劉勰《文心雕龍・諧讔》所闡述的內容，極有密切關係。

七、結論

劉勰《文心雕龍・麗辭》論對偶，與現代修辭學談對偶的名稱、原則、分類有關：〈比興〉論譬喻，與現代修辭學論譬喻的名稱、意義、原則、作用有關：〈諧讔〉論雙關，與現代修辭學論雙關的產生、原則、作用有關。總而言之，劉勰《文心雕龍》修辭理論對現代修辭學的影響，是至深且鉅。

【附註】

① 王師忠林〈文心雕龍所述辭格析論〉，原刊《南洋大學學報》，後收入王師更生編《文心雕龍研究論文選粹》（育民出版社）。

② 詹鍈《文心雕龍的修辭學》，載《劉勰與文心雕龍》書中（北京中華書局）。

③ 駱小所〈劉勰文心雕龍的修辭論〉，載《古籍整理研究》書中。

④ 沈謙〈比興、夸飾、用典、隱秀——文心雕龍論修辭方法〉原刊《幼獅學誌》第十六卷第二期，後收入《文心雕龍之文學理論與批評》（華正書局）。

⑤ 蔡宗陽《文心雕龍的修辭技巧》，載《文心雕龍國際學術研究討會論文集》書中（文史哲出版社）。

⑥ 參閱成偉鈞、唐仲揚、向宏業主編《修辭通鑒》，中國青年出版社印行，民國八十年（一九九一）六月北京出版，頁五九八。張志公《修辭概要》：「所謂對子，……修辭上叫作『對偶』。」（見該書頁九一，中國青年出版社印行，民國四十二年（一九五二）十一月初版。）張氏以爲「對子」在修辭學上叫做「對偶」。

⑦ 參閱張仁青《駢文學》，文史哲出版社印行，民國七十三年（一九八四）三月初版，頁九五。

⑧見譚正璧《修辭新例》，棠棣出版社印行，民國四十二年（一九五三）三月初版，頁一六九。
⑨參閱蔡宗陽《陳騤文則新論》，文史哲出版社印行，民國八十二年（一九九三）三月初版，頁三一七。
⑩詳見同註⑨書，頁三一七至三一九。
⑪詳見同註⑨書，頁三一九。
⑫見黃永武《字句鍛鍊法》，洪範書店印行，民國七十五年一月初版，頁六四。
⑬見黃師慶萱《修辭學》，三民書局印行，民國六十四年（一九七五）一月初版，頁四六五。
⑭見宋文翰《國文修辭學》，新陸書局印行，民國六十年（一九七一）十一月出版，頁三〇。
⑮見同註⑪。
⑯詳見同註⑨書，頁二〇九至二一〇。
⑰詳見同註⑨書，頁二四一至二四二。
⑱詳見同註⑨書，頁二四二至二四四。
⑲參閱王師忠林〈文心雕龍所述辭格析論〉，見王師更生《文心雕龍研究論文選粹》，育民出版社印行，民國六十九年（一九八〇）九月初版，頁五二二至五二三。
⑳見同註⑬書，頁二四二。
㉑見同註⑬書，頁二四九。
㉒見同註㉑。

㉓ 見同註⑨書，頁二二八至二三〇。

㉔ 見同註⑨書，頁二三一至二三二。

㉕ 參閱同註⑲，頁五二三。

㉖ 陳望道《修辭學發凡》版本甚多，內容稍異，採用「鋪張」一詞，是上海開明開明書店印行，民國二十一年（一九三二）四月初、二十九年（一九四〇）十月九版，頁二〇二；香港大光出版社印行，民國七十年（一九八一）一月初版，頁一三一；臺灣文史哲出版社印行，民國七十八年（一九八九）一月再版，頁一三一。採用「夸飾」一詞，是上海人民出版社印行，民國六十五年（一九七六）七月初版，頁一一五；上海教育出版社印行，民國六十八年（一九七九）九月新一版，七十一年（一九八二）四月第三次印刷，頁一二八。

㉗ 見鄭子瑜《中國修辭學史》，文史哲出版社印行，民國七十九年（一九九〇）二月初版，頁一一二。

㉘ 參閱沈謙《文心雕龍與現代修辭學》，益智書局印行，民國七十九年（一九九〇）六月初版，頁二九三至二九四。

㉙ 參閱同註㉘書，頁二九四至二九五。

㉚ 見同註㉗書，頁一八一。

㉛ 參閱沈謙《修辭學》上冊，國立空中大學印行，民國八十九年（一九九一）二月初版、八十年（一九九一）十二月再版，頁一六四。

㉜ 參閱同註㉛書，頁一六五。

㉝參閱同註⑦，頁一三八。
㉞見同註⑦書，頁一三七。
㉟見同註⑬書，頁一〇〇。
㊱見同註㉗書，頁一一三。
㊲見劉永濟《文心雕龍校釋》，華正書局印行，民國七十年（一九八一）十月初版，頁一四六至一四九。
㊳見同註㉗書，頁一一四。
㊴參閱同註⑬書，頁一〇二至一〇六。
㊵參閱同註⑨書，頁二六四。
㊶同註㊵。
㊷見陳介白《修辭學講話》，信誼書局印行，民國六十七年（一九七八）七月初版，頁一一九。
㊸參閱王師忠林〈文心雕龍所述辭格析論〉，見註⑲書，頁五三〇至五三一。
㊹參閱浙江省修辭研究會編著《修辭方式例解詞典》，浙江教育出版社印行，民國七十九年（一九九〇）九月初版，頁二八四。
㊺參閱同註⑬書，頁一一四至一一八。
㊻參閱同註⑬書，頁三〇六。
㊼參閱同註⑬書，頁一三七。

《文心雕龍》的修辭技巧

一、前　言

劉勰是一位奇人，《文心雕龍》是一部奇書，以奇人撰奇書，自然是「陶冶萬彙，組織千秋」①，也是體大慮周的傑作。劉勰不止在《文心雕龍》上闡述修辭理論，也將自己的修辭理論運用在《文心雕龍》上，更有很多《文心雕龍》上的修辭技巧，暗合了現代修辭學的理論。因此，劉勰既是理論家，也是實行家。筆者喜愛《文心》，蓋《文心》推本經籍，修暢旨趣，是以嘗撰《劉勰文心雕龍與經學》②，且夫《文心》，大而全篇，小而一字，皆精采並茂，是故擬撰《文心雕龍》的修辭技巧。本文以修辭技巧爲經，《文心雕龍》的原文爲緯，析論《文心》全書運用的修辭技巧，並進一步闡述《文心》在現代修辭學的意義。

二、《文心雕龍》全書運用的修辭技巧

本文先以劉勰的修辭理論爲主，現代修辭學的理論爲輔，再引用《文心雕龍》的原文，來詮證那

些文句運用了劉勰本身的修辭理論，那些文句暗合了現代修辭學的理論。茲分析、歸納的結果，有下列十幾種修辭技巧：

(一)引用的修辭技巧

所謂引用，是指劉勰撰寫《文心》時，徵「引」古人的事跡，以證驗意義；援「用」前賢的文辭，以闡明事理的一種修辭方法。《文心雕龍・事類》談到引用的方式，約有二端：一是「略舉人事以徵義」，二是「全引成辭以明理」。前者是用古事，目的是援古事以證今情；後者是用成辭，目的是引彼語以明此義。引用的目的，是用片言數字，來闡明繁複隱微的寓意。《文心》引用古事者，如：

相如含筆而腐毫，揚雄輟翰而驚夢，桓譚疾感於苦思，王充氣竭於思慮，張衡研京以十年，左思練都以一紀，雖有巨文，亦思之緩也。淮南崇朝而賦騷，枚皐應詔而成賦，子建援牘如口誦，仲宣舉筆似宿構，阮瑀據案而制書，禰衡當食而草奏，雖有短篇，亦思之速也。（〈神思〉）

劉勰論文思遲速不一，並舉例相證。劉氏不僅引用司馬相如、揚雄、桓譚、王充、張衡、左思等六人的事跡，來闡明雖然長篇鉅著，但思考遲緩；也引用劉安、枚皐、曹植、王粲、阮瑀、禰衡等六人的事跡，來闡述雖然短篇小品，但思考敏捷。這是「略舉人事以徵義」的例子。又如「文王繇《易》，剖判爻位，既濟九三，遠引高宗之伐，明夷六五，近書箕子之貞。」（〈事類〉）這也是田舉古人的事跡，以證驗意義的例子。

劉勰所謂的「用成辭」，有明引古人的言辭、古書的文辭，也有暗用古書的文句。《文心》明引古人的言辭者，如：

> 大舜云：「詩言志，歌永言。」聖謨所析，義已明矣。（〈明詩〉）

劉勰引用大舜的話，見於《尙書．舜典》的原文。大舜說：「詩的作用是表達情志，歌的作用在吟唱詩的意義。」劉氏認爲大舜解析詩的意義，眞是明白極了。劉勰不引古書，而逕引「大舜」，是爲了呼應下文「聖謨所析」的「聖謨」，而且「舜」與「謨」二字，是「仄」、「平」協調，使文章更加明暢。又如：

> 莊周云：「辯雕萬物。」謂藻飾也。韓非云：「豔乎辯說。」謂綺麗也。（〈情采〉）

莊子反對詭辯論的辯雕萬物，韓非也反對縱橫家的豔乎辯說，蓋此二者不是「藻飾」，就是「綺麗」。莊子之言，見於《莊子．天道》：「辯雖雕萬物，不自說也。」韓非的話，源於《韓非子．外儲說左上》：「夫不謀治強之功，而豔乎辯說文麗之聲。」此外，還有「顏闔以爲『仲尼飾羽而畫，從事華辭。』」（〈徵聖〉）「揚雄諷味，亦言：『體同詩雅。』」（〈辨騷〉）「班固稱：『古詩之流也。』」（〈詮賦〉）「子雲所謂『猶騁鄭衛之聲，曲終而奏雅』者也。」（〈雜文〉）「孟軻所云：『說詩者不以文害辭，不以辭害意』也。」（〈夸飾〉）「管仲有言：『無翼而飛者聲也，無根而固者情也。』」（〈指瑕〉）「揚子以爲『文麗用寡者長卿』，誠哉是言也。」（〈才略〉）「昔屈平有言：『文質疏內，衆不知余之異采。』見異唯知音耳。」（〈知音〉）這些例句都是明引古人之言。

還有明引古書之辭者，如：

《易》曰：「鼓天下之動者存乎辭。」辭所以能鼓天下者，迺道之文也。（〈原道〉）

劉勰明引《周易・繫辭上》的原文，以闡述文辭之所以能發揮鼓動天下人心的效用，究其原因，在於它合乎自然之道的緣故。又如「《書》云：『辭尚體要，不惟好異。』」（〈徵聖〉）「此《周易》所謂『臀無膚，其行次且』也。」（〈附會〉）這些例子都是明引古書。至於暗用古書者，如：

夫古來知音，多賤同而思古，所謂「日進前而不御，遙聞聲而相思」也。（〈知音〉）

「日進前而不御，遙聞聲而相思」，是暗用《鬼谷子・內揵篇》的原文。劉勰暗用《鬼谷子》的話，來詮證自古以來所謂「知音之士」，多半鄙視同時代的人，而思慕古聖先賢。又如「聲依永，律和聲。」（〈樂府〉）暗用《尚書・舜典》的原文。「賤不誄貴，幼不誄長。」（〈誄碑〉）暗用《禮記・曾子問》的原文。「東向而望，不見西牆。」（〈知音〉）暗用《淮南子・氾論》的原文。這些例子都是暗用古書的文句。

(二)對偶的修辭技巧

所謂對偶，是指劉勰撰寫《文心》時，凡是字數相等、句法相同、詞性相對、平仄協調的文句，成雙作對地排列的一種修辭技巧。對偶的種類，《文心雕龍・麗辭》分為事對、言對、正對、反對四種。所謂事對，是指上下聯並列對舉，都有人地事物，可資徵驗。如：

〈儲說〉始出，〈子虛〉初成。（〈知音〉）

劉勰言韓非剛寫好《儲說篇》，秦始皇極為欣賞；司馬相如剛寫成《子虛賦》，漢武帝至為喜愛。〈儲說〉對〈子虛〉，〈儲說〉是《韓非子》的篇名，〈子虛〉是司馬相如作的賦名。「始」對「初」，是副詞相對；「出」對「成」是動詞相對，且平仄相對。因此，這例句是「事對」。又如「毛嬙鄣袂，不足程式；西施掩面，比之無色。」（〈麗辭〉）這也是「事對」。

所謂言對，是指上下聯兩相排比的詞句，都一空依傍，不用典故。如：

紛哉萬象，勞矣千想。（〈養氣〉）

劉勰認爲天地間萬象紛紜，應接不暇；作者千思萬想，精疲神勞。「紛」對「勞」，是形容詞相對；「哉」對「矣」，是助詞相對；「萬」對「千」，是形容詞相對；「象」對「想」，是名詞相對；所以這例句是「言對」。又如「一朝綜文，千年凝錦。」（〈才略〉）「修容乎禮園，翺翔乎書圃」。（〈麗辭〉）這些例句都是「言對」。

所謂正對，是說材料雖然有別，而意義卻完全一樣的聯語。如：

漢祖想枌榆，光武思白水。（〈麗辭〉）

「枌榆」，在今江蘇省豐縣，是漢高祖的出生地；「白水」，在今陝西省白水縣，是東漢光武帝起兵討新莽的發祥地；「枌榆」對「白水」，是名詞相對，地名相對，且平仄相對。「漢祖」對「光武」，是人名相對，也是名詞相對。「想」對「思」，是動詞相對，且仄平相對。因此，這例句是「正對」。又如「情往會悲，文來引泣。」（〈哀弔〉）這例句也是「正對」。

所謂反對，是說事理雖然不同，而旨趣卻彼此暗合的聯語。如：

鍾儀幽而楚奏，莊舄顯而越吟。（〈麗辭〉）

劉勰認為一個人無論得志或不得志，總是念念不忘自己的家鄉，「鍾儀」、「莊舄」，是人名相對，即名詞相對。「幽」對「顯」，是正反對比，也是形容詞相對。「楚」對「越」，是國名相對，也是名詞相對。「奏」對「吟」，是動詞相對，且仄平相對。因此，這例句是「反對」。又如「逐物實難，憑性良易。」（〈序志〉）這例句也是「反對」。

《文心雕龍》的原文，除運用上述四種對偶外，尚有暗合現代修辭學的「對偶」，如「鏤影攡聲」（〈頌贊〉）、「模山範水」（〈物色〉），都是「當句對」③；「日用乎比，月忘乎興。」（〈比興〉）「子夏無虧於名儒，濬沖不塵乎竹林。」（〈程器〉）這兩個例句都是「單句對」④；「寂然凝慮，思接千載；悄焉動容，視通萬里。」（〈神思〉）「茫茫往代，既洗予聞；眇眇來世，倘塵彼觀。」（〈序志〉）這兩個例句都是「隔句對」⑤。

㈢譬喻的修辭技巧

劉勰認為「比」即譬喻，是一種「借彼喻此」的修辭方法。所以《文心雕龍．比興》說：

> 比者，附也。……附理者，切類似指事。……何謂為比？蓋寫物以附理，颺言以切事者也。

所謂「比附」，以近似者相比，切取類似點以指明事實。所謂「寫物以附理，颺言以切事」，藉描敘外在的事物以譬喻內在的事理。劉勰將「比」分為兩大類：一是比義，一是比類。所謂比義，是指以事義相比附，即以具體的事物譬喻抽象的義理。如「金錫以喻明德，珪璋以譬秀民，螟蛉以類教誨，蜩螗以寫號呼，澣衣以擬心憂，卷席以方志固」（〈比興〉），都是屬於這一類。所謂比類，是指以事類相比附，即以具體的事物譬喻具體的形貌。如「麻衣如雪，兩驂如舞。」（〈比興〉）都是屬於這一類。

《文心雕龍》原文運用「比義」者，如

子夏歎書，昭昭若日月之代明，離離如星辰之錯行，言照灼也。（〈宗經〉）

劉勰闡述《尚書》論事明暢，如同日月的更迭發光，《尚書》的內容清晰，如星辰的交錯運行。「昭昭」、「離離」，是抽象；「日月」、「星辰」，是具體。因此，「昭昭若日月之代明」、「離離如星辰之錯行」，都是「比義」。這裡的譬喻作用，是在使深奧的道理淺顯化，抽象的事物具體化，概念的東西形象化。又如「林籟結響，調如竽瑟；泉石激韻，和若球鍠。」（〈原道〉）「聲轉於吻，玲玲如振玉；辭靡於耳，纍纍如貫珠。」（〈聲律〉）「辭如珠玉。」（〈程器〉）這些例句都是「比義」。

《文心雕龍》原文運用「比類」者，如：

彩雲若錦。（〈序志〉）

劉勰將「五彩祥雲」比喻爲「錦繡」一般的漂亮，目的是使人易於知曉。「雲」、「錦」，都是具體。所以，「彩雲若錦」，是「比類」。又如「青條若總翠。」（〈比興〉）這例句也是「比類」。

「比義」和「比類」，猶如現代修辭學「譬喻」中的「明喻」⑥，《文心》原文尚有暗合「譬喻」

中的「略喻」⑦，如「山木爲良匠所度，經書爲文士所擇。」（〈事類〉）又有暗合「譬喻」中的「借喻」⑧，如「根柢槃深，枝葉峻茂，……太山遍雨，河潤千里。」（〈宗經〉）

四夸飾的修辭技巧

所謂夸飾，是指在語文中，誇張鋪飾超過客觀事實的一種修辭方法。夸飾的產生因素有二：主觀因素是「語不驚人死不休」⑨，作者想要「出語驚人」。客觀因素是「愛奇者聞詭而驚聽」⑩，「俗人好奇，不奇，言不用也」⑪，讀者的好奇心理。《文心雕龍・夸飾》談夸飾的原則，是「夸而有節，飾而不誣」。劉勰雖未明言夸飾的種類，但從其舉例，可以歸納爲若干類別，劉氏說：

> 言峻則嵩高極天，論狹則河不容舠，說多則子孫千億，稱少則民靡孑遺；襄陵舉滔天之目，倒戈立漂杵之論；……鴞音之醜，豈有泮林而變好？荼味之苦，寧以周原而成飴？（〈夸飾〉）

劉勰列舉夸飾的八種例證，我們深思細繹這八個例證，約略可以歸納出夸飾的種類。「嵩高極天」，形容高山陡險，高聳至雲霄，這是「空間的夸飾」。「河不容舠」，形容河水狹窄，浮不了小船；這也是「空間的夸飾」，也是「縮小的夸飾」。「子孫千億」，形容子孫衆外；這是「數量的夸飾」，也是「縮小的夸飾」。「襄陵舉滔天之目」，描敘洪水漲上山陵，水漫了蒼天，這是「空間的夸飾」，也是「放大的夸飾」。「倒戈立漂杵之論」，描敘敵人的敗退，死傷慘重，說是血流漂杵；這是「物象的夸飾」，也是「放大的夸飾」。「鴞音之醜，豈有泮林而變好」，敘述貓頭鷹叫聲難聽，難道牠吃了舉宮旁的桑葚，聲音就變得好聽了嗎？這是夸飾學宮的感化力量，屬於「物象的夸飾」，也是「放大的夸飾」。「荼味之苦，寧以周原而成飴」，闡述荼菜的味道很苦，怎麼會因為生長在岐山的原野就化作甜菜呢？這是夸飾周朝前人恩澤的浩大，屬於「物象的夸飾」，也是「放大的夸飾」。

我們析論劉勰列舉夸飾的八種例證，得知下列兩種情形：以表達方式而言，夸飾分為放大、縮小兩種；以題材對象而論，夸飾有空間、數量、物象三種。此外，尚有「時間的夸飾」，如「逢其知音，千載其一乎！」（〈知音〉）劉勰言知音之士很難遇到，要想在茫茫人海中，得到像鍾子期、鮑叔牙那樣的知音之士，恐怕在千百年中，只有一遇吧！「千載其一乎」，這是「時間的夸飾」，也是「放大的夸飾」。

㈤練字的修辭技巧

劉勰認為「善為文者，富於萬篇，貧於一字」⑫。因此，《文心雕龍・練字》談練字的原則有四：一是避詭異，二是省聯邊，三是權重出，四是調單複。

所謂詭異，是指瑰瑋奇怪，不常見的生冷字體。如「呶呶」二字，尋常文章極為罕見，讀者必得翻閱字書，始得其解。修辭技巧強調「新奇」的原則，是指「立意」的去陳出新，要在意上下功夫，並非在字上作手腳，如此則文章的神氣韻味必有過人者。所謂聯邊，是指連用幾個偏旁相同的文字。如司馬相如的〈子虛賦〉：「硠硠礚礚。」連用四個從石的字。揚雄的〈羽獵賦〉：「沇沇溶溶。」連用四個從水的字。劉勰在《文心》原文上，極力避免「詭異」、「聯邊」這兩個毛病。

所謂重出，是指同樣的字重複出現，使彼此相犯。毛詩、楚辭難免會「重出」，因此劉勰也不憚忌諱地適當運用，所以《文心》才說：「權重出。」意思是說可以斟酌使用，並非極力避免。「重出」，猶如現代修辭學的「類疊」⑬「頂針」⑭回文⑮。《文心》原文不僅運用「類疊」的修辭技巧，如「夫文心者，言爲文之用心也。昔涓子琴心，王孫巧心，心哉美矣，故用之焉。」（〈序志〉）劉勰敘述「文心」二字的由來，並闡明其意義。劉氏反復間隔使用「心」字，旨在造成語文聯綿不絕的感覺，且有輕快的節奏，使文義更加明暢，感受格外深切，所以這例句是「類疊」。《文心》原文也用「頂針」的修辭技巧，如「短折日哀。哀者，依也。」（〈哀弔〉）劉勰闡述「哀」字的意義。上句末字與下句首字，同用一個「哀」字，使文章更加緊湊，所以這例句是「頂針」。《文心》原文也運用「回文」的修辭技巧，回文分爲依次回文、錯綜回文兩種。依次回文，就是前後句的詞語，依次互換位置，構成回文。錯綜回文，就是前後句的詞語，不是依次互換位置，而是根據表達內容的需要，讓重點詞語變位，構成回文。《文心》原文運用「依次回文」者，如「聲爲樂體，樂體在聲。」（〈聲律〉）劉勰論述聲爲樂體。上句結尾的「樂體」二字，用作下句的開頭，又下句結尾的「聲」字，用作上句的開頭，因此，這例句是「依次回文」。

尙有「錯綜回文」，如「道沿聖以垂文，聖因文以明道。」（〈原道〉）劉勰論道、聖、文三者的互相關係。劉氏不依次互換位置，而是依據內容而變化詞位，先「道、聖、文」，後「聖、文道」，結果上句開頭的「道」字，用作下句的結尾，中間字句略有彈性。所以，這例句是「錯綜回文」。所謂單複，是指文字筆畫的多寡。當一連串筆畫極少的字，並列在文章中，便顯得過分纖疏；而一連串筆畫繁多的字，坎入字句裡，則過分沈暗，因爲纖瘦與肥胖都不能均衡的緣故。因此，必須把一切不平衡，錯綜變化，以達到和諧調度，使不肥不瘦，適得其中。《文心》原文運用「單複」，都能恰到好處，做到「參伍單複，磊落如珠」⑯的地步。

㈥助詞的修辭技巧

劉勰認爲《楚辭》的作者，將「兮」字放在句中，「兮」字只是語助詞，在句中並不含有任何意思，只是補助發展未完的語氣而已。至於「夫惟蓋故」、「之而於以」、「乎哉矣也」的用法，劉氏說：

「夫惟蓋故」者，發端之首唱；「之而於以」者，乃劄句之舊體；「乎哉矣也」者，亦送末之常科。（〈章句〉）

劉勰聞述語助詞的用法。「夫、惟、蓋、故」這四個虛字，是引發辭端，在句首使用的語助詞。如「夫神道闡幽」（〈正緯〉）「夫自六國以前」（〈諸子〉）「夫情動而言形」（〈體性〉）「夫隱之爲體」（〈隱秀〉）「夫篇章雜沓」（〈知音〉）「夫宇宙綿邈」（〈序志〉），這些例句都是「夫」字開頭，是發語詞，也是語助詞。「之、而、於、以」這四個虛字，是揷在句子之中，很早就已經運用的體式。如「自九懷以下」（〈辨騷〉）「戰代以來」（〈銘箴〉）「辭之待骨」（〈風骨〉）「春秋以後」（〈時序〉）「詳觀近代之論文者多矣」（〈序志〉），這些例句中的「之」、「以」，都是句中語氣詞。「乎、哉、矣、也」這四個虛字，是句末送氣時，所用的語助詞，這是永遠不變的科條。如「盟者，明也。」（〈祝盟〉）「故知諧辭隱言，亦無棄矣。」（〈諧讔〉）「二子可紀，何有於二后哉？」（〈史傳〉）「六韜二論，後人追題乎！」（〈論說〉）這些例句中的「也、矣、哉、乎」，都是句末語助語。一個文思巧妙的作家，假如能夠靈活運用這些語助詞，就能發生牽引補合文辭的功效，可使寥寥數句以外的感情，因爲語氣詞的幫助，得以充分表達。

我們縝密思考，發現《文心》原文運用助詞，也可以產生三種感歎的句型：一是利用一個助詞構成感歎句。如「文之爲德也，大矣！」（〈原道〉）劉勰以爲文的作用，實在關係重大啊！「矣」字，是「助詞」。二是利用兩個助詞構成的感歎句。如「大哉！聖人之難見也。」（〈序志〉）「哉」、「也」二字，都是「助詞」。劉勰夢見孔子，眞是旣驚喜，又感嘆。三是利用歎詞和助詞構成的感歎句。如「噫可怪矣！……吁可笑也！」（〈銘箴〉）「噫」、「吁」，是歎詞；「矣」、「也」，是「助詞」。由此可見，劉勰《文心》運用助詞的修辭技巧，有一部分猶如現代修辭學的「感歎」⑰。

㈦造句的修辭技巧

劉勰以爲離章合句，可長可短，可多可少，隨作者的感情來決定；雖然沒有固定的常規，但聯綴數字以成句子，卻有一定的科條可循。劉氏認爲四個字一句、六個字一句比較好，但三字句、五字句也可以用，他說：

四字密而不促，六字裕而非緩。或變之以三五，蓋應機之權節也。（〈章句〉）

劉勰論句法，以爲四字句是緊密而不急促，六字句是寬裕而不緩慢。在四六句法之間，也可以運用三字句或五字句，加以變化，這是作者適應時機的需要，作權宜的節度吧！

我們剖析《文心》原文，發現篇篇都有四字句、六字句，每篇「贊曰」都是四字句，除「贊曰」外，還有四字句，如「爰自風姓，既於孔氏。」（〈原道〉）「夫子風采，溢於格言。」（〈微聖〉）「三極彝訓，其書曰經。」（〈宗經〉）「事豐奇偉，辭富膏腴。」（〈正緯〉）「奇文鬱起，其離騷哉？」（〈辨騷〉）「詳觀論體，條流多品。」（〈論說〉）「皇帝御寓，其言也神。」（〈詔策〉）「曁乎戰國，始稱爲檄。」（〈檄移〉）「秦皇銘岱，文自李斯。」（〈封禪〉）「周監二代，文理彌盛。」（〈章表〉）「後之彈事，迭相斟酌。」（〈奏啓〉）「對策所選，實屬通才。」（〈議對〉）「三代政暇，文翰頗疏。」（〈書記〉）「自茲厥後，循環相因。」（〈通變〉）「文章體勢，如斯而已。」（〈定勢〉）「句有可削，足見其疏。」（〈鎔裁〉）「今之常言，有文有筆。」（〈總術〉）「漢室陸賈，首案奇采。」（〈才略〉）「況乎文士，可妄談哉！」（〈知音〉）「敷讚聖旨，莫若注經。」（〈序志〉）這些例句都是「四字句」。

《文心》原文運用六字句比四字句少，但亦不乏其例，如「觀天文以極變，察人文以成化。」（〈原道〉）「山瀆鍾律之要，白魚赤烏之符。」（〈正緯〉）「蟬蛻穢濁之中，浮游塵埃之外。」（〈辨騷〉）「儷采百字之偶，爭價一句之奇。」（〈明詩〉）「述客主之首引，極聲貌以窮文。」（〈詮賦〉）「唐虞流于典謨，夏商被于誥誓。」（〈史傳〉）「雷震始於曜電，出師先乎威聲。」（〈檄移〉）「天子垂珠以聽，諸侯鳴玉以朝。」（〈章表〉）「強志足以成務，博見足以窮理。」

（〈奏啓〉）「巫臣之遺子反，子產之諫范宣。」（〈書記〉）「先博覽以精閱，總綱紀而攝契。」（〈通變〉）「經正而後緯成，理定而後辭暢。」（〈情采〉）「各執一隅之解，欲擬萬端之變。」（〈知音〉）「接韼文雅之場，環絡藻繪之府。」（〈序志〉）這些例句都是「六字句」。

《文心》原文也運用四六句，如「造懷指事，不求纖密之巧；驅辭逐貌，唯取昭晰之能。」（〈明詩〉）「樂體在聲，瞽師務調其器；樂心在詩，君子宜正其文。」（〈樂府〉）「立義選言，宜依經以樹則；勸戒與奪，必附聖以居宗。」（〈史傳〉）「吟詠之間，吐納珠玉之聲；眉睫之前，卷舒風雲之色。」（〈神思〉）「孟堅雅懿，故裁密而思靡；平子淹通，故慮周而藻密。」（〈體性〉）「名理有常，體必資於故實；通變無方，數必酌於新聲。」（〈通變〉）「路粹楊修，頗懷筆記之工；丁儀邯鄲，亦含論述之美。」（〈才略〉）這些例句都是「四六句」。總而言之，四字句、六字句、四六句，都是駢文的句式，劉勰用當時盛行的駢文寫《文心》，這是自然的現象。

(八)設問的修辭技巧

所謂設問，是指在語文中，故意採用詢問語氣，以引起對方注意的一種修辭方法。設問分爲提問和激問兩種。凡是提醒下文而問，叫做提問，這是自問自答。凡是激發本意而問，叫做激問，這是問而不答。設問可以用在篇首，以提示全篇主旨；用於結尾，以增進文章餘韻；甚至於首末均用，以構成前呼後應；也可以連續設問，以製造文章氣勢。《文心雕龍》原文有關「設問」者甚多，暗用「設問」中的「提問」者，如文……與天地並生者，何哉？夫玄黃色雜，方圓體分，日月疊壁，以垂麗天之象；山川煥綺，以鋪理地之形；此蓋道之文也。（〈原道〉）

爲何文與天地並生呢？因爲天上的太陽、月亮照耀天空的美景，是自然的「文」，地上山川河流的綺麗，也是自然的「文」。劉勰運用自問自答的「提問」，來闡明文與天地並生的道理。又像

安有丈夫學文，而不達於政事哉？彼揚、馬之徒，有文無質，所以終乎下位也。（〈程器〉）

劉勰認爲學文的目的，在於達政。若明文不達政者，宜居下位。因此，劉勰才自問自答說，學文怎麼可以不達政呢？揚雄、司馬相如學文而不達政，所以才居下位。此外，如「若迺河圖孕乎八卦，洛書韞乎九疇，玉版金鏤之實，丹文綠牒之華，誰其尸之？亦神理而已。」（〈原道〉）「盡其美者何？乃心樂而聲泰也。」（〈時序〉）「知音其難哉？音實難知。」（〈知音〉）「豈好辯哉？不得已也。」（〈序志〉）這些例句都是「設問」中的「提問」。還有問而不答的「激問」，這種例句比「提問」多，像：

不有屈原，豈見《離騷》？（〈辨騷〉）

劉勰認爲先有作者，才有作品，因此沒有屈原這個人，怎能見到曠世的作品——《離騷》呢？劉勰雖然問而不答，但是答案已在其中。又像：

郤縠敦書，故舉為元帥，豈以好文而不練習哉？孫武兵經，辭如珠玉，豈以習武而不曉文也？（〈程器〉）

劉勰申論通才，必須文武兼備，不可只偏其中之一。因此，以問而不答的「激問」，說明郤縠怎能僅好文學而練達武事呢？孫武怎能僅習武事而不通曉文學呢？雖然問而不答，但是答案已在問題的反面。此外，如「是以楚豔漢侈，流弊不還，正末歸本，不其懿歟？」（〈宗經〉）「經足訓矣，緯何豫焉？」（〈正緯〉）「淫辭在曲，正響焉生？」（〈樂府〉）「崇替在人，祝何豫焉？」（〈祝盟〉）「外字難謬，況章句歟？」（〈章句〉）「煆歲煉年，奚能喻苦？」（〈隱秀〉）「賈誼才穎，陵軼飛兔，議愜而賦清，豈虛至哉？」（〈才略〉）「鴻風懿采，短筆敢陳？」（〈時序〉）「古來文章，以雕縟成體，豈取騶奭之群言雕龍也？」（〈序志〉）「識在缾管，何能矩矱？」（〈序志〉）這些例子都是問而不答的「激問」。

㈨排比的修辭技巧

所謂排比，是指在語文中，同一範圍、同一性質的意象，用結構相似的句法來表達的一種修辭方法，排比依語言結構，可分爲單句排比、複句排比兩種。排比與對偶不同，黎運漢、張維耿兩位先生認爲：㈠、對偶是事物對立對應關係的反映，排比是同一範圍事物的列舉。㈡、對偶限於兩個對句，排比的句數則不受限制。㈢、對偶的兩個對句意思互相對應，字數大體相等，而排比祇須句子結構相同或相似就可以了，字數不必相等。㈣、對偶的兩個對句避免用相同的字，組成排比的各句，則常出現相同的字⑱。《文心》原文暗用「單句排比」者，如

《易》張十翼，《書》標七觀，《詩》列四始，《禮》正五經，《春秋》五例。（〈宗經〉）

劉勰以五個單句，排比闡述《周易》具備了十翼，《尚書》標明了七觀，《毛詩》列舉了四始，《禮經》規定了五種常法，《春秋經》有五項不同的寫作體例。又如

> 積學以儲寶，酌理以富才，研閱以窮照，馴致以繹辭。（〈神思〉）

劉勰用四個單句，排比直陳積學、酌理、研閱、馴致四者，是陶鈞文思的方法。此外，如「或簡言以達旨，或博文以該情，或明理以立體，或隱義以藏用。」（〈徵聖〉）「象天地，效鬼神，參物序，制人紀。」（〈宗經〉）「子雲之表充國，孟堅之序戴侯，武仲之美顯宗，史岑之述熹后。」（〈頌贊〉）「章以謝恩，奏以按劾，表以陳謝，議以執異。」（〈章表〉）「才有庸儁，氣有剛柔，學有淺深，習有雅鄭。」（〈體性〉）「視之則錦繪，聽之則絲簧，味之則甘腴，佩之則芬芳。」（〈總術〉）「慷慨者逆聲而擊節，醞藉者見密而高蹈，浮慧者觀綺而躍心，愛奇者聞詭而驚聽。」（〈知音〉）「管仲之盜竊，吳起之貪淫，陳平之污點，絳灌之讒嫉。」（〈程器〉）「原始以表末，釋名以章義，選文以定篇，敷理以舉統。」（〈序志〉）這些例句都是「單句排比」。還有「複句排比」的例子，如：

> 論說辭序，則《易》統其首；詔策章奏，則《書》發其源；賦頌謌讚，則《詩》立其本；銘誄箴祝，則《禮》總其端；記傳盟檄，則《春秋》為根。（〈宗經〉）

劉勰以五個複句，排比直陳文體源於五經。後代的論、說、辭、序四種文體，都源於《周易》；詔、策、章、奏四種文體，都源於《尚書》；賦、頌、謌、讚四種文體，都源於《毛詩》；銘、誄、箴、

祝四種文體，都源於《禮經》；記、傳、盟、檄四種文體，都源於《春秋經》。又如：

授官選能，則義炳重離之輝；優文封策，則氣含風雨之潤；敕戒恒誥，則筆吐星漢之華；治戎變伐，則聲存洊雷之威；眚災肆赦，則文有春露之滋；明罰敕法，則辭有秋霜之烈。（〈詔策〉）

劉勰運用六個「複句排比」，來闡述詔策依施用對象不同，而有不同的風格與特色。劉氏鮮明地表現多樣的統一，充分發揮排比的功能，使說理最透徹，內容最具體深刻。此外，如「敘情怨，則鬱伊而易感；述離居，則愴快而難懷；論山水，則循聲而得貌；言節候，則披文而見時。」（〈辨騷〉）「論孔融，則云：『體氣高妙』；論徐幹，則云：『時有齊氣』；論劉楨，則云：『有逸氣』。」（〈風骨〉）「魏武以相王之尊，雅愛詩章；文帝以副君之重，妙善辭賦；陳思以公子之豪，下筆琳瑯。」（〈時序〉）這些例子都是「複句排比」。

㈩映襯的修辭技巧

所謂映襯，是指在語文中，用兩種相反的觀念或事物，使其語氣增強，或意義明顯，以加深印象的一種修辭方法。映襯分爲反襯、對襯、雙襯三類。反襯，是對於一件事物，用恰恰與此事物的現象或本質相反的詞語加以形容描寫。對襯，是對兩種不同的人、事、物，從兩種不同的解點加以形容描寫，恰恰形成強烈的對比。雙襯，是針對同一個人或同一件事物，從兩種不同的觀點加以形容描寫，著眼點不同，結果適成其反。《文心》原文暗合「反襯」者，如：

辭約而旨豐，事近而喻遠，是以往者雖舊，餘味日新。（〈宗經〉）

劉勰闡述經典的文辭簡約，而意旨豐富；敘事淺近，而寄託深遠。因此，經典雖然是舊的，但它的情味，卻是歷久常新。劉氏言經典的表面是「約」、「近」、「舊」的，其實質卻是「豐」、「遠」、「新」的。「約」與「豐」、「近」與「遠」、「舊」與「新」本質恰恰相反，如此反襯的運用，尤能彰顯經典的價值。又如

或理在方寸而求之域表，或義在咫尺而思隔山河。（〈神思〉）

所想的道理或在內心，但卻尋求於四境之外；或在眼前，而一般人想的卻遙隔山河。簡言之，道理是近在眼前，但一般人卻捨近求遠。這也是運用「反襯」的修辭技巧。尚有「對襯」的例子。如

韶響難追，鄭聲易啟。（〈樂府〉）

古代的韶樂雅音，如今已難以追摹仿效，後世鄭、衛淫靡之聲，卻廣泛流行於社會。「韶響」、「鄭聲」，是不同的兩件事物。「難」與「易」，是對比，因此「韶響難追，鄭聲易啓」，是「對襯」的修辭技巧。又如

夫銓序一文為易，彌綸群言為難。（〈序志〉）

劉勰闡述單獨評論一篇文章，比較容易；要想綜合論述各家的言論，那就很困難了。「一文」與「群言」，是不同的兩件事物。「難」與「易」二字，係正反強烈對比。因此，這例句是「映襯」中的「對襯」。還有「雙襯」的例句，如

善為文者，富於萬篇，貧於一字。（〈練字〉）

劉勰以爲善於寫作的人，往往可以長篇大論，寫出千言萬語的文章來，然而對於一個字的取捨斟酌，卻往往感到不易下筆。「善爲文者」，是同一個人。「富」與「貧」、「萬篇」與「一字」，都是強烈對比。因此，這例句是「對襯」。又如：

文情難鑒，誰曰易分？（〈知音〉）

劉勰由文情難鑒，說明音實難知。劉氏認爲文章是抽象的情理，難以鑒察，誰敢說容易分辨呢？「文章」，是指同一事物。「難」與「易」，是強烈對比。因此，這例句是「對襯」。

㈩轉化的修辭技巧

所謂轉化，是指在語文中，描述一件事物時，轉變其原來的本質，化成截然不同的另外一個本質，而加以形容敘述的一種修辭方法。在早期的修辭學書籍論文中，「轉化」或稱「比擬」，或稱爲「假擬」，但易於與「譬喻」相混，因此採用于在春先生《修辭現象論》創造的詞語——「轉化」。「轉化」與「譬喻」雖然相似，但是不同，黃廣萱老師認爲「譬喻就兩件不同事物的相似點著筆，是觀念內容的修整；轉化就兩件不同的可變處著筆，是觀念形態的改變」。⑲轉化的方式有三種：一是將物擬人的人性化，二是將人擬物的物性化，三是將虛擬實的形象化。人性化是訴諸人類情感的修辭法，物性化是訴諸人類想像的修辭法，形象化是訴諸人類感官的修辭法。《文心》原文暗合「轉化」者，有人性化、物性化、形象化，「人性化」的例子，如：

雲霞雕色，有踰畫工之妙；草木賁華，無待錦匠之奇。（〈原道〉）

劉勰以「雲霞雕色」、「草木賁華」，來闡述自然美才是最美的。「雲霞雕色」，「雲霞」比擬作「人」，來「雕」色；「草木賁華」，把「草木」比擬為「人」，來「賁」華（同花）；所以「雲霞雕色」、「草木賁華」，都是「人性化」。賁，是「修飾」的意思，在此含有「開放」之意，但以本義而言，是「人性化」。還有「物性化」的例子，如

夫人肖貌天地，稟性五才，擬耳目於日月，方聲氣乎風雷，其超出萬物，亦已靈矣。（〈序志〉）

「擬耳目於日月，方聲氣乎風雷」，即呼應「人肖貌天地」。劉勰將「耳目」比擬為「日月」，「聲氣」比擬作「風雷」，屬於「轉化」中的「物性化」。這是以人擬物的物性化，目的在使用物我交融的筆調來表現現實，賦予鮮明的感情色彩，因此可以把感情抒發得更加淋漓盡致，以增強語言的感染力。此外，還有「轉化」中的「形象化」，「形象化」是「以虛擬實」的修辭技巧，如

雖復輕采毛髮，深極骨髓，或有曲意密源，似近而遠，辭所不載，亦不可勝數矣。（〈序志〉）

劉勰論佳作，僅談到一點枝節，但細加追究，卻深入問題的核心。劉氏將「文章的枝節」比擬作「人的毛髮」，把「文章的核心」比擬為「人的骨髓」，因此「雖復輕采毛髮，深極骨髓」，是「以虛擬實」的「形象化」。此外，還有將「見聞狹小」比擬作「以瓶汲水，用管窺天」的「識在缾管」（〈序志〉）。

㈩錯綜的修辭技巧

所謂錯綜，是指在語文中，把對偶、排比、層遞、類疊等整齊的表達形式，故意抽換詞面、交蹉語次、伸縮文身、變化句式，使其形式參差、詞面別異的一種修辭方法。錯綜的種類，可分爲抽換詞面、交蹉語次、伸縮文身、變化句式四種。抽換詞面，是在形式整齊的句式上，將詞面略爲抽動，以同義的詞語取代原本重複的詞語。交蹉語次，是把語詞的順序，故意安排得前後參差不同。伸縮文身，是把原本字數相等的句子，調整得參差不齊，使長句短句交錯。變勢句式，是把肯定句和否定句、直述句和詢問句式，穿插使用。《文心》原文暗合「變化句式」的「錯綜」者，如：

昔〈儲說〉……，秦皇漢武，恨不同時；既同時矣，則韓囚而馬輕，豈不明鑒同時之賤哉？（〈知音〉）

劉勰舉例闡明貴古賤今，是知音難遇的原因之一。反復間隔使用「同時」二字，是「類疊」形式。但「恨不同時」，是否定句；「既同時矣」，是肯定句；又前四句是直述句，後三句是詢問句；因此這例子是「變化句式」的「錯綜」。其主要目的是，使文章生動活潑，靈動多姿。還有「伸縮文身」的「錯綜」例子，如

文……與天地並生者，……，此蓋道之文也。仰觀吐曜，俯察含章，高卑定位，故兩儀既生矣。惟人參之性靈所鍾，是謂三才。為五行之秀氣，實天地之心生，心生而言立，言立而文明，自然之道也。旁及萬品，動植皆文：龍鳳以藻繪呈瑞，虎豹以炳蔚凝姿；……，夫豈外飾，蓋自

然耳。（〈原道〉）

劉勰闡明文原於道。「此蓋道之文也」的「道」，是「自然」的意思。此言文德侔天地之義，是文之原於「自然」。次論人心參兩儀之理，是心之原於「自然」。末述龍鳳藻繪，虎豹炳蔚，皆是「自然」。首用「此蓋道之文也」，次用「自然之道」，末用「蓋自然耳」，如此增減字詞，使文句長短參差不齊，「伸縮文身」之後，使文章錯綜變化，不僅不會單調乏味，更顯現生動活潑。此外，尚有「交蹉語次」的「錯綜」例子，如

思理為妙，神與物游。神居胸臆，而志氣統其關鍵；物沿耳目，而辭令管其樞機。樞機方通，則物無隱貌；關鍵將塞，則神有遯心。（〈神思〉）

劉勰論神思的運用。劉氏先言「神」，後言「物」，依次則末四句，應該是「關鍵將塞，則神有遯心；樞機方通，則物無隱貌」，作者故意「交蹉語次」，使文句錯綜變化。此外，還有「抽換詞面」的「錯綜」例子，如：

予生七齡，……隨仲尼而南行，……聖人之難見也，……未有夫子者也。……尼父陳訓，惡乎異端。（〈序志〉）

劉勰敘述自己著作《文心》的動機。文中言及「孔子」，用不同詞彙表達，如「仲尼」、「聖人」、「夫子」、「尼父」，但意思相同，使文章顯得靈動多姿。如不用錯綜抽換詞面，就難免重複呆板。

(十二)藏詞的修辭技巧

所謂藏詞，是指在語文中，將大衆所熟悉的成語、諺語、格言、警句，只說一部分，藏去所欲表達的詞語的一種修辭方法。藏詞的種類，依表義的方式，可分爲藏頭、藏尾、藏腰三種。凡是藏去的詞語在成語或警句的開頭，叫做「藏頭」，也稱爲「拋前藏詞」。凡是藏去的詞語在成語或警句的末尾，叫做「藏尾」，也稱爲「棄後藏詞」。凡是藏去的詞語在成語或警句的中間，叫做「藏腰」，也稱爲「藏腹」，又叫做「舍中藏詞」。《文心》原文有關「藏詞」者，僅暗合「藏頭」的「藏詞」，如：

齒在踰立。（〈序志〉）

劉勰三十多歲撰寫《文心》。「踰立」的「立」，是「三十而立」的節縮。「三十而立」一詞，源於《論語·爲政》。以「而立」代「三十」，是「藏頭」的「藏詞」。因此，「踰立」，是超過三十歲，意思是三十多歲。「齒」，是「年齡」的意思。馬的牙齒隨年齡而生長，所以數馬的年齡，看牠的牙齒，就知道了。以「齒」代「年齡」，是借原因代結果，屬於「借代」。⑳綜而言之，「齒在踰立」，不僅是「藏詞」，也是「借代」。

㈣節縮的修辭技巧

所謂節縮，是指在語文中，節短或縮合語言文字，而意義上並無增減的一種修辭方法。《文心》原文暗合「節縮」者，如：

魏文述典，陳思序書，應瑒文論，陸機文賦，……魏典密而不周，陳書辯而無當，應論華而疏

略，陸賦巧而碎亂。（〈序志〉）

劉勰闡述前代各家文論之缺失。「魏典」，是「魏文述典」的濃縮。「陳書」，是「陳思序書」的濃縮。「應論」，是「應瑒文論」的濃縮。「陸賦」，是「陸機文賦」的濃縮。因此，「魏」、「陳書」、「應論」、「陸賦」，都是依據上下文而「節縮」，以免繁冗拖沓。又如

蓋周書論辭，貴乎體要，尼父陳訓，惡乎異端，辭訓之奧，宜體於要。（〈序志〉）

《尚書・周書・畢命》以爲古人討論言辭，崇尚措辭得體，內容扼要；孔子教育弟子，最討厭異端邪說。因此，〈周書〉討論文辭和孔子對弟子的教誨，都主張爲文要合乎體要。「辭訓之奧」的「辭訓」二字，是「周書論辭」和「尼父陳訓」的「節縮」，這也是依據上下文而「節縮」。此外，還有習慣用法的「節縮」，如「孝論昭晳。」（〈正緯〉）「孝論」，是《孝經》、《論語》的濃縮。「史遷八書。」（〈封禪〉）「史遷」是「司馬遷著《史記》」的濃縮。「陳思稱：『揚、馬之作。』」（〈練字〉）「陳思」，是「陳思王曹植」的濃縮。「自哀、平陵替。」（〈時序〉）「哀、平」，是「漢哀帝」、「漢平帝」的濃縮。「馬、鄭諸儒。」（〈序志〉）「馬、鄭」，是「馬融」、「鄭玄」的濃縮。這些例句都是習慣用法的「節縮」。

（十五）層遞的修辭技巧

所謂層遞，是指在語文中，由低而高，由近而遠，由小而大，由淺而深，由輕而重，由本而末，或由高而低，由遠而近，由大而小，由深而淺，由重而輕，由末而本，層層遞增的一種修辭方法。層

遞的種類，依形式分，可分爲單式層遞、複式層遞兩種。依內容分，可分爲時間、空間、數量、程度或範圍四種。㉑《文心》原文有關「層遞」者，在形式上，僅暗合單式層遞；在內容上，則暗合時間的層遞和數量的層遞。「時間的層遞」，如：

九代詠歌，志合文別。黃歌斷竹，質之至也；唐歌載蜡，則廣於黃世；虞歌卿雲，則文於唐時；夏歌雕牆，縟於虞代；商、周篇什，麗於夏年；至於序志述時，其揆一也。既楚之騷文，矩式周人；漢之賦頌，影寫楚世；魏之篇製，顧慕漢風；晉之辭章，瞻望魏采。（〈通變〉）

劉勰言九代詠歌，雖序志述時相同，然文辭質華各有不同。所謂九代，是指黃、唐、虞、夏、商、周、漢、魏、晉等朝，楚屬於周，宋、齊沒有計入。這個例句都依時間先後的層遞，因此屬於「時間的層遞」。尚有「數量的層遞」，如：

皇世三墳，帝代五典，重以八索，申以九丘，歲歷綿曖，條流紛糅。（〈宗經〉）

劉勰以爲往古的典籍，由於代久年遠，內容模糊不清，所以到了後代，枝條流派，衆說紛雜。往古的典籍，如三墳、五典、八索、九丘，其中「三、五、八、九」，是依數量排列，由低而高，因此是「數量的層遞」。

㈥倒裝的修辭技巧

所謂倒裝，是指在語文中，顚倒語文詞句的次序，以加強語氣，美化句法或押韻的一種修辭方法。倒裝可以加強語勢，突現重點，調和音律，使文章激起波瀾。修辭學上的倒裝，可以分爲兩類：一是為詩文格律而倒裝，二是爲文章波瀾而倒裝。前者爲了遷就押韻、平仄等格律而倒裝，後者爲了使文章遒健、警策、靈動多姿而倒裝。《文心》原文暗合「爲詩文格律而倒裝」著，如

三極彝訓，道深稽古。致化惟一，分教斯五。性靈鎔匠，文章奥府。淵哉鑠乎！群言之祖。（〈宗經〉）

劉勰闡述五經的內涵，是一切言論的宗祖，不但深遠無極，而且光明燦爛啊！「淵哉鑠乎！群言之祖。」原句型爲「群言之祖，淵哉鑠乎！」爲了押韻才倒裝，押韻的字是「古、五、府、祖」。此外，還有「爲文章波瀾而倒裝」者，如

前史以為運涉季世，人未盡才，誠哉斯言，可為歎息。（〈時序〉）

劉勰闡述前代史書以爲這時正處於危亂的年代，許多文人都未能充分發揮他們的才能，這種說法一點也不錯啊！想來眞令人爲之歎息！「誠哉斯言」的原句型，是「斯言誠哉！」這是感歎的倒裝，爲了使文章更靈動多姿。又如「難矣哉，士之爲才也！」（〈議對〉）原句型爲「士之爲才也，難矣哉！」這也是感歎的倒裝。又如「莫之能追。」（〈離騷〉）原句型爲「莫能追之」。這是否定句的倒裝，爲了使文章更遒健。又如「歌之以禎瑞，讚之以介丘。」（〈封禪〉）原句型爲「以禎瑞歌之，以介丘讚之」。這是肯定句的倒裝，爲了使文章更警策。

《文心雕龍》的原文運用劉勰本身的修辭理論者，有引用、對偶、譬喻、夸飾、練字、助詞、造句等七種修辭技巧；《文心》的原文暗合現代修辭學的理論者，有設問、排比、映襯、轉化、錯綜、

藏詞、節縮、層遞、倒裝等九種修辭技巧。

三、《文心雕龍》在現代修辭學的意義

《文心雕龍》原文不論運用劉勰本身的修辭理論，或時合現代修辭學的理論，站在現代修辭學的立場來說，都具有特殊的意義與價值。《文心雕龍・事類》談引用，雖然只談「略舉人事以徵義」、「全引成辭以明理」兩類，但《文心》原文所運用的修辭技巧，不僅包含這兩種，也暗合現代修辭學中的「明引」、「暗用」，因此《文心》的修辭理論比現代修辭學的內容還多，這是值得專家學者研究的課題。此外，還有對偶，也是如此，《文心》原文不但運用劉勰在《文心雕龍・麗辭》所談到的正對、反對、言對、事對四種，也暗合了現代修辭學中的當句對、單句對、隔句對。至於譬喻，《文心》原文除運用《文心雕龍・比興》所談到的「比義」、「比類」外，還暗合了現代修辭學中的明喻、略喻、借喻。夸飾方面，《文心》原文運用了《文心雕龍・練字》所談到的練字修辭技巧，有些理論也暗合了現代修辭學的理論，如類疊、頂針、回文是也。《文心》原文運用了《文心雕龍・章句》的修辭理論，在助詞方面，有些暗合了現代修辭學中的「感歎」，在造句方面，闡明四六句法是最好的，這是現代修辭學很少談到的，可以做爲研究現代修辭學的重要參考資料，因此《文心雕龍》在現代修辭學的意義與價值，是特殊的、重大的。

四、結論

本文析論《文心雕龍》的修辭技巧，不僅探討《文心雕龍》原文運用了那些修辭技巧，並且解析《文心》原文那些文句運用了劉勰本身的修辭理論，那些文句暗合了現代修辭學的理論，更進一步探究《文心雕龍》在現代修辭學的意義與價值。由於《文心》內容豐贍，篇幅有限，不克逐一闡論，僅能舉其犖犖大者，因此掛一漏萬，滄海遺珠，在所難免，至盼海內外同好，匡我不逮，則幸甚矣！

【附註】

① 語見原一魁〈兩京遺編序〉。

② 《劉勰文心雕龍與經學》係蔡宗陽的博士論文，畢業於國立臺灣師範大學國文研究所博士班，指導教授是黃錦鋐、王更生兩位博士。

③ 凡是在同一句中，上下兩個短語，互相對偶，叫做「當句對」，又稱爲「句中對」。「鏤」對「摛」，是動詞相對，且仄平相對。「影」對「聲」，是名詞相對，且仄平相對。因此，「鏤影摛聲」，是「當句對」。「模」對「範」，是動詞相對，且平仄相對。「山」對「水」，是名詞相對，且平仄相對。所以「模山範水」，是「當句對」。

④ 凡是上下兩句，字數相同、詞性相同、平仄相對，叫做「單句對」。「日」對「月」，是名詞相對。「用」對

「忘」，是動詞相對。「比」對「興」，是名詞相對，且平仄相對。因此，「日用乎比，月忘乎興」，是「單句對」。「子夏」對「濬沖」，是人名相對，且名詞相對。「無」對「不」，是副詞相對，且平仄相對。「虧」對「塵」，是動詞相對。「於」對「乎」，是助詞相對。「名儒」對「竹林」，是名詞相對，所以「子夏無虧於名儒，濬沖不塵乎竹林」，是「單句對」。

⑤ 凡是第一句與第三句相對，第二句與第四句對相，叫做「隔句對」，又稱爲「扇對」。「寂然凝慮」對「悄焉動容」，「思接千載」對「視通萬里」因此「寂然凝慮，思接千載；悄焉動容，視通萬里」，是「隔句對」。「茫茫往代」對「眇眇來世」，「既洗予聞」對「倘塵彼觀」，所以「茫茫往代，既洗予聞；眇眇來世，倘塵彼觀」，是「隔句對」。

⑥ 明喻是喻體、喻詞、喻依三者具備的譬喻。所謂喻體，是指說明事物的主體；所謂喻詞，是指聯接喻體和喻依的語詞；所謂喻依，是指用來比方說明此一主體的另一事物。如「心險如山，口壅若川。」（〈諧讔〉）「險」、「口壅」，都是「喻體」；「如」、「若」，都是「喻詞」；「山」、「川」，都是「喻依」。因此，這例句是「明喻」。

⑦ 略喻是省略喻詞，只有喻體和喻依。如「山木爲良匠所度，經書爲文士所擇。」（〈事類〉）此句原句型應爲：經書爲文士所擇，若山木爲良匠所度。「經書」比方作「山木」，「文士」比方爲「良匠」。「經書爲文士所擇」，是「喻體」；「山木爲良匠所度」，是「喻依」；「若」，是「喻詞」；這裡省略了「喻詞」，所以是「略喻」。

⑧ 借喻是省略喻體、喻詞，只有喻依。如「根柢槃深，枝葉峻茂，……太山徧雨，河潤千里。」（〈宗經〉）劉勰將五經的思想，比作根粗葉茂的大樹，把五經的思想對後世學術文化的影響，比爲泰山的雲氣可以使全國都下雨，黃河的流水可以滋潤千里之遠。劉氏省略「喻體」、「喻依」，只剩下「喻依」——「根柢槃深，枝葉峻茂」、「太山遍雨，河潤千里」，所以這兩句都是「借喻」。

⑨ 語見杜甫〈江上值水如海勢聊短述〉。

⑩ 語見《文心雕龍・知音》。

⑪ 語見天充《論衡・藝增》。

⑫ 語見《文心雕龍・練字》。

⑬ 所謂類疊，是指在語文中，接二連三地反復使用同一個字詞語句的一種修辭方法。

⑭ 所謂頂針，是指在語文中，上句末字，與下句首字相同；或前段之末句，與後段之末句相同的一種修辭方法。凡上下句用相同的字詞，叫做聯珠；前後段用相同的文句，叫做連環；聯珠與連環，合稱爲連珠，是以頂針又稱爲連珠。今細檢原古書，多作「頂針」。早期修辭學書，字多作「頂眞」，蓋假借「眞」字爲「針」字。「頂針」，原是刺繡或縫衣時，中指所戴的金屬指環，環上滿是小凹點，以便推針穿布。在修辭學上，意指後句首字用前句末字，像「頂針」的頂「針」一般。

⑮ 所謂回文，是指在語文中，上下兩句，詞彙大多相同，而詞序恰好相反，或不依次互換位置，而是依據內容而變化詞位的一種修辭方法。

⑯ 同⑫。

⑰ 所謂感歎，是指在語文中，遇到深沉的思想，猛烈的感情，悲惋到極點，歡忻的至情，常用呼聲或類似呼聲的語詞的一種修辭方法。

⑱ 參閱黎運漢、張維耿兩位先生《現代漢語修辭學》，第一五〇頁。陳望道先生《修辭學・積極修辭四》亦云：「排比和對偶，頗有類似處，但也有分別：㈠、對偶必須字數相等，排比不拘；㈡、對偶必須兩兩相對，排比也不拘；㈢、對偶力避字同意同，排比卻以字同意同爲經常狀況。」

⑲ 見黃慶萱老師《修辭學》，第二八二頁。

⑳ 所謂借代，是指在語文中，借用其他名稱或詞句，來代替通常使用的名稱或詞句的一種修辭方法。借代的種類，約可分爲八類：㈠、以事物的特徵或標誌相代。㈡、以事物的所在或所屬相代。㈢、以事物的作者或產地相代。㈣、以事物的資料或工具相代。㈤、以事物的部分或全體相代。㈥、以特定的事物與普通的事物相代。㈦、以具體與抽象相代。㈧、以事物的原因與結果相代。「齒在蹤立」，是屬於第八類以事物的原因與結果相代。

㉑ 參閱沈謙先生《修辭學》下册，第九八至一〇〇頁。

【主要參要書目】

文心雕龍讀本　王師更生　文史哲出版社

文心雕龍新論　王師更生　文史哲出版社

文心雕龍導讀　王師更生　文史哲出版社
文心雕龍研究　王師更生　文史哲出版社
修辭學發凡　陳望道　上海教育出版社
修辭學　黃師慶萱　三民書局
修辭析論　董季棠　益智書局
文法與修辭教師手册　黃師慶萱　國立編譯館
修辭學　沈謙　國立空中大學
現代漢語修辭學　黎運漢・張維耿　商務印書館
文心雕龍與現代修辭學　沈謙　益智書局

《文心雕龍》的修辭義

一、前言

一般訓詁學專書，闡述與訓詁學有關的學科，多半僅有文字學、聲韻學、文法學、校勘學、語言學，極少言及修辭學，目前惟有胡楚生《訓詁學大綱》①言及修辭學，但該書論述詞義的種類，僅談到本義、引申義、假借義、通假義②，而未言及「修辭義」。詞義的種類，一般分爲本義、引申義、假借義三種。其實，尚有「修辭義」，此爲訓詁學所罕見。本文擬以《文心雕龍》原文爲經，以「修辭義」爲緯，「修辭義」約有數端，茲闡析詮證之。

二、譬喻義

凡是《文心雕龍》原文運用譬喻修辭技巧，而譬喻所呈現的意義，叫做譬喻義。譬喻義又可分爲詳喻義、明喻義、隱喻義、略喻義、借喻義五種。

㈠詳喻義

凡是《文心雕龍》原文運用詳喻所呈現的意義，叫做詳喻義。《文心雕龍》原文運用詳喻義者，如〈宗經〉云：

子夏歎《書》，昭昭若日月之代明，離離如星辰之錯行，言照灼也。

此言子夏讚美《尚書》論事理的明暢如日月之代明，《尚書》內容的清晰如星辰之錯行，闡述《尚書》的涵義是明白可知的。「昭昭」、「離離」，皆是喻體；「若」、「如」，皆是喻詞；「日月之代明」、「星辰之錯行」，皆是喻依；「言照灼也」，是喻旨③；因此是詳喻。彥和以「日、月」的明亮，來譬喻「論事理明暢」。「日」是白天發光，「月」是夜晚發光。「日、月」用來說明抽象的事理，自始至終，十分明暢，這是以具體說明抽象的詳喻義。「星辰」的運行，清晰可見，用來譬喻《尚書》的內容，這也是具體說明抽象的作用。「言照灼也」，是說「日月之代明」闡述《尚書》論事理的明暢，「星辰之錯行」闡述《尚書》內容的清晰，講得十分清楚。又如〈頌贊〉云：

原夫頌惟典懿，辭必清鑠；敷寫似賦，而不入華侈之區；敬慎如銘，而異乎規戒之域。

此言「頌」的寫作要領，必須典懿清鑠，像賦，但不要過度誇飾；像銘，但不同於規勸警誡。「敷寫」、「敬慎」，皆是喻體；「似」、「如」，皆是喻詞；「賦」、「銘」，皆是喻體；「而不入華侈之區」、「而異乎規戒之域」皆是喻旨；因此也是詳喻。寫賦需要誇飾，這是衆所周知，但切忌過於誇飾。寫「頌」的方法，不知如何下筆，彥和以易知的「寫賦的方法」闡述難知的「寫頌的方法」，這是以易知說明難知的詳喻義。寫銘需要恭敬謹慎，這是衆所周知，但不同於銘文的規戒。寫「頌」

的態度，不知如何恭敬謹慎，作者以易知的「寫銘的態度」闡述難知的「寫頌的態度」，這也是以易知說明難知的譬喻作用。「而不入華侈之區」，是說寫頌的方法雖然要像寫賦一樣，但切勿過度誇飾；易言之，寫頌可以適度的誇飾。「而異乎規戒之域」，是說寫頌的態度雖然要像寫銘一樣的恭敬謹慎，但頌的內容不同於銘的規戒。

明喻義

凡是《文心雕龍》原文運用明喻所呈現的意義，叫做明喻義。《文心雕龍》原文運用明喻義者甚多，如〈知音〉云：

> 無私於輕重，不偏於憎愛，然後能平理若衡，照辭如鏡矣。

此言沒有私心、沒有偏見，衡量文理、觀察文辭，自然絲毫不爽。「平理若衡」，是明喻；「照辭如鏡」，亦是明喻。「平理」、「照辭」，皆是喻體；「若」；「如」，皆是喻詞；「衡」、「鏡」，皆是喻依；因此是明喻。「衡量文理」、「觀察文辭」，皆是抽象的；「衡」、「鏡」，皆是具體的；這是以具體的東西闡述抽象事理的譬喻義。彥和以「秤之稱物」比方「衡量文理」，足見銖錙不爽；以「鏡之照形」比方「觀察文辭」，可見絲毫無差。又如〈附會〉云：

> 善附者異旨如肝膽，拙會者同音如胡越。

此言善於敷飾辭藻的人，能使不同的文義，處理得十分恰當，好像肝和膽非常親近，而密切結合；拙于融會事義的人，往往將相同的情調，安排得關係疏遠，好像北胡、南越，南北遙隔，難以和諧。「善附者異旨」、「拙會者同音」，皆是喻體；「如」，是喻詞；「肝膽」、「胡越」，皆是喻依；因此是明喻。「善附者異旨」能夠密切結合，這是抽象的、難知的；「拙會者同音」不和諧，這亦是抽象的、難知的。「肝」和「膽」的密切關係，這是具體的、易知的；「北胡」和「南越」，是南北相隔，這也是具體的、易知的；因此這兩句皆是以具體、易知的事物說明抽象、難知的事理的明喻義。《文心雕龍》原文運用明喻義者，尚有〈原道〉云：「林籟結響，調如竽瑟；泉石激韻，和若球鍠。」〈頌贊〉云：「音徽如旦。」〈風骨〉云：「辭之待骨，如體之樹骸；情之含風，猶形之包氣。」〈定勢〉云：「湍回似規，矢激如繩。」〈鎔裁〉云：「辭如川流。」〈練字〉云：「善酌字者，參伍單複，磊落如珠矣。」〈隱秀〉云：「句間鮮秀，如巨室之少珍，若百詰而色沮。」〈指瑕〉云：「浮輕有似於蝴蝶。」〈總術〉云：「執術馭篇，似善弈之窮數；棄術任心，如博塞之邀遇。」〈物色〉云：「情往似贈，興來如答。」〈序志〉云：「予生七齡，乃夢彩雲若錦。」這些例句皆是明喻義。

㈢隱喻義

凡是《文心雕龍》原文運用隱喻所呈現的意義，叫做隱喻義。《文心雕龍》原文運用隱喻義者，如〈宗經〉云：

> 若禀經以制式，酌雅以富言，是即山而鑄銅，煮海而為鹽也。

此言假如能採取經典的規模，以創作文學；採用經典的雅言，來豐贍文辭；這樣會取之不竭，用之不盡，就好像靠礦山鑄銅，煮海水制鹽，是無窮盡的。「若禀經以制式，酌雅以富言」，是喻體；

「是」，含有「好像」之意，是喻詞；「即山而鑄銅，煮海而爲鹽」，是喻依；因此是隱喻，又稱爲暗喻。彥和將難知的「經（典）」比方作易知的「山」、「海」，把難知的「創作文學」、「豐贍文辭」比方作易知的「鑄銅」、「爲（制）鹽」，這是以易知的事物闡述難知的事物的隱喻義。又如〈麗辭〉云：

若兩言相配，而優劣不均，是驥在左驂，駑為右服也。

此言假如言對的上下兩句，搭配不精，上一句美妙，下一句拙劣，就有排列不均勻的弊病，就好像駕車，將千里馬置於左邊，劣馬放在右邊，是無法配合妥善的。「若兩言相配，而優劣不均」，是喻體；「是」，含有「好像」之意，是喻詞；「驥在左驂，駑爲右服」，是喻依；因此是隱喻。彥和把難知的「言對」比方作易知的「駕車」，將抽象的「美妙上句（優）」比方作具體的「千里馬（驥）」，把抽象的「拙劣下句（劣）」比方作具體的「劣馬（駑）」；這是以易知的事物闡述難知的事物、以具體的事物說明抽象的事理的隱喻義。《文心雕龍》原文運用隱喻義者，尚有〈體性〉云：「辭爲肌膚，志實骨髓。」〈附會〉云：「必以情志爲神明，事義爲骨鯁，辭采爲肌膚，宮商爲聲氣。」〈事類〉云：「或微言美事，置於閒散，是綴金翠於足脛，靚粉黛於胸臆也。」這些例句皆是隱喻義。

(四)略喻義

凡是《文心雕龍》原文運用略喻所呈現的意義，叫做略喻義。《文心雕龍》原文運用略喻義者，如〈事類〉云：

夫山木為良匠所度，經書為文士所擇。木美而定於斧斤，事美而制於刀筆。研思之士，無慚匠石矣。

此言爲文用事，貴在匠心獨運。「山木爲良匠所度」、「木美而定於斧斤」，皆是喻依；「經書爲文士所擇」、「事美而制於刀筆」，皆是喻體；省略喻詞；因此是倒裝式的略喻。彥和將難知的「經書」比方作易知的「山木」，把難知的「文士」比方作易知的「良匠」，把抽象的「事」比方作具體的「木」，將難知的「刀筆」比方作易知的「斧斤」；因此是以難知說明易知、以具體闡述抽象的略喻義。又如〈情采〉云：

夫鉛黛所以飾容，而盼倩生於淑姿；文采所以飾言，而辯麗本於情性。

此言文章文采和情性的配合。文辭華麗，可以用來修飾言語，但美妙的言辭，華美的詞藻，宜本於眞情實性，好像鉛粉黛墨，可以用來修飾容貌，但美女秋波流盼的眼神姿態，笑靨動人，植根于天生的麗質。彥和將難知的「文采」比方作易知的「鉛黛」，把難知的「飾言」比方作易知的「飾容」，將難知的「辯麗」比方作易知的「盼倩」，把難知的「情性」比方作易知的「淑姿」；因此是以難知的事物闡述易知的事物的略喻義。「夫鉛黛所以飾容，而盼倩生於淑姿」，是喻依；「文采所以飾言，而辯麗本於情性」，是喻體；省略喻詞；因此是倒裝式的隱喻。《文心雕龍》原文運用略喻義者，尙有〈鎔裁〉云：「夫百節成體，共資榮衞；萬趣會文，不離辭情。」〈定勢〉云：「夫通衢夷坦，而多行快捷方式者，趨近故也；正文明白，而常務反言者，適俗故也。」此二例句皆是倒裝式的略喻。

㈤借喻義

凡是《文心雕龍》原文運用借喻所呈現的意義，叫做借喻義。《文心雕龍》原文運用借喻義者，如〈知音〉云：

知音其難哉！音實難知，知實難逢，逢其知音，千載其一乎！

此言知音之難遇。作者將難知的「文學（文）」比方作易知的「音樂（音）」，省略喻詞、喻體，僅剩下喻依「音樂（音）」，因此是以難知的事物闡述易知的事物的借喻義。誠如黃亦眞《文心雕龍比喻技巧研究》云：「在這段文字中，彥和完全以『音樂』代替『文學』，以知曉音律的『知音』比喻能識鑒文學作品的讀者。」④「知音其難哉！」其中的「知音」，當作「（能識鑒文學作品的讀者）（如）知音」，因此是倒裝式的略喻。又如〈養氣〉云：

若夫器分有限，智用無涯；或慚鳧企鶴，瀝辭鐫思。

此言人的才器有限，而智慧的運用卻是無窮盡的；有些人痛恨自己的才智短淺，羨慕別人才識高深，就好象鳧鳥認爲自己的腿太短，企盼如鶴腳一樣的高長，因此竭心盡力地洗煉文辭，刻畫情思。「慚鳧企鶴」，當作「（痛恨自己才智的短淺，羨慕別人才高識廣），（好象）漸鳧企鶴」，省略喻體、喻詞，僅剩下喻依，因此是借喻。彥和把抽象的、難知的「才智短淺的人」，比方作具體的、易知的「鳧」；將抽象的、難知的「才高識廣的人」，比方作具體的、易知的「鶴」，這是以具體說明抽象、以易知闡述難知的借喻義。此外，又如〈序志〉云：「又君山、公幹之徒，吉甫、士龍之輩，泛議之意，往往間出，並未能振葉以尋根，觀瀾而索源。」「振葉以尋根，觀瀾而索源」，譬喻「前賢文論」。彥和將「文論」比方作「葉」、「瀾」，誠如沈謙所云：「用並未能『振葉以尋根』、『觀瀾而索源』兩個喻依來形容一個喻體『前賢文論』。表面上意謂：不能從枝葉追尋到根本，從觀察波瀾去探尋源頭。實際上借喻：並沒有整體有系統的文論專著。此屬借喻方式表達的『博喻』，用具體的觀察樹葉、波瀾，譬喻抽象的文學評論。」⑤

三、引用義

凡是《文心雕龍》原文援引典故，別人言論等所呈現的意義，叫做引用義。《文心雕龍》原文引用方式與目的，約有下列數項：

㈠引用古書文句，以釋名章義

《文心雕龍》原文引用古書文句，以詮釋意義者，如〈明詩〉雲：

大舜云：「詩言志，歌永言」；聖謨所析，義已明矣。是以「在心為志，發言為詩」；舒文載實，其在茲乎！

彥和引用《尙書・舜典》、《詩經・大序》的文句，以闡釋「詩」的涵義。「詩言志，歌永言」，見於《尙書・舜典》；「在心爲志，發言爲詩」，見於《詩經・大序》。彥和先援引《尙書・舜典》「詩言志」，再援引《詩經・大序》「在心爲志」詮釋「志」的涵義，最後援引「發言爲詩」解釋「言」

的涵義，這是明引所呈現的引用義。又如〈神思〉云：

> 古人云「形在江海之上，心存魏闕之下」；神思之謂也。文之思也，其神遠矣。

彥和援引《莊子·讓王》文句，以詮釋「神思」的定義。「形在江海之上，心存魏闕之下」，見於《莊子·讓王》：「中山公子牟謂瞻子曰：『身在江海之上，心居乎魏闕之下，奈何？』」本義系一個人隱居山林，身在草莽，但眷戀朝廷的爵祿。彥和借用此語，譬喻人心無遠弗屆，不受時間、空間限制的情景，以闡釋「神思」的涵義，這是明引所呈現的引用義。此外，又如〈樂府〉云：「樂府者，聲依永，律和聲也。」「聲依永，律和聲」，見於《尚書·舜典》。彥和暗用《尚書·舜典》文句，以詮解「樂府」的定義，這是暗用所呈現的引用義。

(二)引用古書文句，以闡述文論

《文心雕龍》原文引用古書文句，以闡述文論者，如〈原道〉云：

> 《易》曰：「鼓天下之動者存乎辭。」辭之所以能鼓天下者，乃道之文也。

「鼓天下之動者存乎辭」，見於《周易·系辭上》。「辭」字，本義是「爻辭」，在此借來指「文辭」，這是唐朝劉知幾《史通·仿眞》所云：「貌同而心異。」「辭」字，在此名同實異，即貌同心異的引用義。彥和援引《周易·繫辭上》的文句，旨在闡論「辭之所以能鼓天下者，乃道之文也」。文辭之所以能發揮鼓動天下人心的效用，在於自然文采的緣故，因此這例句是彥和援引《周易·繫辭上》的文句，闡述文論的引用義。又如〈情采〉云：

老子疾偽，故稱：「美言不信」，而五千精妙，則非棄美矣。莊周云：「辯雕萬物」，謂藻飾也。韓非云：「豔乎辯說」，謂綺麗也。綺麗以豔說，藻飾以辯雕，文辭之變，於斯極矣。

彥和認爲文不厭采，采必稱情，是以援引《老子》、《莊子》、《韓非子》的文句，闡述「文不棄美」的文論，因此這例句是援引古書文句，闡述文論的引用義。「美言不信」，見於《老子・第八十一章》。「辯雕萬物」，見於《莊子・天道》：「故古之王天下者，辯雖雕萬物，不自說也。」「豔乎辯說」，見於《韓非子・外儲說左上》：「夫不謀治強之功，而豔乎辯說文麗之聲，是卻有術之士，而任壞屋折弓也。」「美言不信」、「辯雕萬物」、「豔乎辯說」，三句本闡述哲理，在此借用爲文論，這是貌同心異的引用義。

㈢引用作家故事，以詮證文論

《文心雕龍》原文引用作家故事，以詮證文論者，如〈神思〉云：

人之稟才，遲速異分，文之制體，大小殊功：相如含筆而腐毫，揚雄輟翰而驚夢；桓譚疾感於苦思，王充氣竭於思慮；張衡研〈京〉以十年，左思練〈都〉以一紀；雖有巨文，亦思之緩也。淮南崇朝而賦〈騷〉，枚皐應詔而成賦；子建援牘如口誦，仲宣舉筆似宿構；阮瑀據鞍而制書，禰衡當食而草奏；雖有短篇，亦思之速也。

彥和援引司馬相如、揚雄、桓譚、王充、左思等人，嘔心瀝血的創作歷程，以印證文思的緩慢；又援引淮南王劉安、枚皐、曹植、王粲，阮瑀、禰衡等人，文思敏捷的創作歷程，以印證文思的快速；這是援引作家的故事，以詮證文論的引用義。又如〈知音〉云：

> 昔〈儲說〉始出，〈子虛〉初成，秦皇漢武，恨不同時；既同時矣，則韓囚而馬輕，豈不明鑒同時之賤哉！至於班固傅毅，文在伯仲，而固嗤毅云：「下筆不能自休。」及陳思論才，亦深排孔璋；敬禮請潤色，歎以為美談；季緒好詆訶，方之于田巴；意亦見矣。故魏文稱：「文人相輕」，非虛談也。

此言文學批評的蔽障，在於貴古賤今，崇己抑人。彥和先援引韓非子撰〈儲說〉，秦始皇十分賞識；司馬相如撰〈子虛〉，漢武帝非常欣賞；秦始皇、漢武帝皆恨不同時，等到知悉韓非子與秦始皇、司馬相如與漢武帝是同一時代的人物，韓非子卻被囚禁、司馬相如卻不被重視，以此詮證貴古賤今的文學批評的蔽障，這是援引作家的故事，以詮證文論的引用義。彥和又援引班固嗤笑傅毅雲：「下筆不能自休」；陳思王曹植評論當代文人才士，特別排斥陳琳；丁敬禮請曹植潤色文章，卻傳爲美談；劉季緒喜好譭謗別人的作品，將自己比作田巴，以此詮證崇己抑人的文學批評的蔽障，這也是援引作家故事，以詮證文論的引用義。

㈣引用作家作品，以闡述文論

《文心雕龍》原文引用作家作品，以闡述文論者，如〈序志〉云：

> 詳觀近代之論文者多矣：至如魏文述典，陳思序書，應瑒文論，陸機〈文賦〉，仲治〈流別〉，宏范〈翰林〉，各照隅隙，鮮觀衢路，或臧否當時之才，或銓器前修之文，或泛舉雅俗之旨，

或撮題篇章之意。魏典密而不周，陳書辯而無當，應論華而疏略，陸賦巧而碎亂，〈流別〉精而少功，〈翰林〉淺而寡要。

彥和援引曹丕《典論・論文》、曹植〈與楊德祖書〉、應瑒〈文質論〉、陸機〈文賦〉、摯虞〈文章流別論〉、李充〈翰林論〉，並評論其優劣，闡述近代文論未能振葉尋根，觀瀾索源，不述先哲之誥，故無益後生之慮，這是引用作家作品，以闡述文論的引用義。《典論・論文》的優點是結構縝密，缺點是內容欠周全；〈與楊德祖書〉的優點是措辭博辯，缺點是持理不當；〈文質論〉的優點是文辭華麗，缺點是粗疏簡略；〈文賦〉的優點是文章精巧，缺點是零碎雜亂；〈文章流別論〉的優點是內容精審，缺點是缺乏功效；〈翰林論〉的優點是行文淺顯，缺點是未能掌握論文的要領。魏典，係魏文帝曹丕《典論・論文》的節縮；陳書，係陳思王曹植〈與楊德祖書〉的節縮；應論，係應瑒〈文質論〉的節縮；陸賦，係陸機〈文賦〉的節縮；此四者皆運用節縮修辭技巧所呈現的意義，稱爲節縮義。又如〈詮賦〉云：

觀夫荀結隱語，事義自環；宋發誇談，實始淫麗。枚乘〈兔園〉，舉要以會新；相如〈上林〉，繁類以成豔；賈誼〈鵩鳥〉，致辨於情理；子淵〈洞簫〉，窮變於聲貌；孟堅〈兩都〉，明絢以雅贍；張衡〈二京〉，迅拔以宏富；子雲〈甘泉〉，構深偉之風；延壽〈靈光〉，含飛動之勢；凡此十家，並辭賦之英傑也。

彥和援引先秦，兩漢十位作家作品，皆爲辭賦中的英傑，並評述各家作品的特點。荀卿賦的特點是據事類義，自相回環；宋玉賦的特點是巧言誇飾，淫濫華麗；枚乘〈兔園賦〉的特點是掌握要點，融會新奇；司馬相如〈上林賦〉的特點是舉類繁富，辭藻豔麗；賈誼〈鵩鳥賦〉的特點是致慰遠謫的情懷，辯析禍福的無常；王褒〈洞簫賦〉的特點是窮極聲音的變化，形貌的變化；班固〈兩都賦〉的特點是文采絢爛，典雅豐贍；張衡〈二京賦〉的特點是文情激切，宏深富麗；揚雄〈甘泉賦〉的特點是寓意諷諫，淵深奇偉；王延壽〈靈光殿賦〉的特點是鋪寫逼眞，活潑生動；這是援引作家作品，以闡述文論的引用義。此外，又如〈事類〉云：「唯賈誼〈鵩賦〉，始用鶡冠之說；相如〈上林〉，撮引李斯之書；此萬分之一會也。及揚雄〈百官箴〉，頗酌於〈詩〉、〈書〉；劉歆〈遂初賦〉，歷敘于紀傳；漸漸綜采矣。至於崔、班、張、蔡，遂捃摭經史，華實布濩，因書立功，皆後人之范式也。」〈序志〉云：「夫文心者，言爲文之用心也。昔涓子《琴心》，王孫《巧心》，心哉美矣，故用之焉。」此二例亦是援引作家作品，以闡述文論的引用義。

四、倒裝義

凡是《文心雕龍》原文運用倒裝修辭技巧，而倒裝所呈現的意義，叫做倒裝義。《文心雕龍》原文運用倒裝義者，如〈養氣〉云：

紛哉萬象，勞矣千想。玄神宜寶，素氣資養。

此言天地間萬象紛紜，應接不暇；作者千思萬想，精疲神勞。「紛哉萬象」，即「萬象紛哉」的倒裝；

「勞矣千想」，即「千想勞矣」的倒裝，這是運用倒裝，以闡述文論的倒裝義。若「千想勞矣」不倒裝，便不能與「素氣資養」的「養」字押韻，倒裝之後，「想」與「養」押韻。「萬象」、「千想」，係主語；「紛哉」、「勞矣」，係表語；此二例句是表態句的表語提前構成的倒裝義。又如〈宗經〉云：

性靈鎔匠，文章奧府。淵哉鑠乎！群言之祖。

此言五經是一切言論的宗祖，因爲五經的內涵，既深遠，又燦爛。「淵哉鑠乎！群言之祖。」即「群言之祖，淵哉鑠乎！」的倒裝；這是運用倒裝，以闡述文論的倒裝義。若「群言之祖，淵哉鑠乎！」不倒裝，便不能與「文章奧府」的「府」字押韻；倒裝之後，「府」與「祖」押韻。「群言之祖」，係主語；「淵哉鑠乎」，係表語；這例句是表態句的表語提前構成的倒裝義。此外，又如〈原道〉云：「寫天地之輝光，曉生民之耳目矣。」「輝光」即「光輝」的倒裝。這正如同《戰國策・齊策》云：「後孟嘗君出記，問門下諸客：『誰習計會，能爲文收責于薛者乎？』憑諼署曰：『能。』」「計會」，即「會計」的倒裝。

五、結論

《文心雕龍》原文運用修辭義，除運用譬喻義、引用義、節縮義、倒裝義外，尚有藏詞義，如〈序志〉云：「齒在踰立，則嘗夜夢執丹漆之禮器，隨仲尼而南行。」《論語・爲政》云：「三十而立。」

而立，即三十的藏詞。逾立，即三十多歲。又有錯綜義，如〈神思〉云：「是以秉心養術，無務苦慮，含章司契，不必勞情也。」「秉心養術」，即「養心秉術」的錯綜。錯綜的作用，在於新奇。誠如傅師隸樸《修辭學》所云：「江淹〈恨賦〉：『或有孤臣危涕，孽子墜心。』涕不得言危，心不得言墜，故為錯綜以顯新奇。又〈別賦〉：『使人心折骨驚。』本應為『心驚骨折』，同上用意一樣。」⑥〈辨騷〉亦云：「酌奇而不失其貞，玩華而不墜其實。」不第此也，又有誇飾義、映襯義、設問義、層遞義、借代義、鑲嵌義等等，囿於篇幅，俟來日再另撰專文探析之。

【附　注】

① 見胡楚生《修辭學大綱》，頁一〇至一四，（臺北）蘭台書局印行，一九七五年三月初版。

② 同注①，頁一七至二四。

③ 大陸學者稱「喻體」為「本體」，稱「喻依」為「喻體」，稱「喻旨」為「喻解」，朱自清則稱為「意旨」，詳見拙作〈「修辭格」的辨析原則與命題技巧〉（《中等教育》第四十五卷第六期）。黃師慶萱於臺灣師範大學國文系主辦「第一屆經學學術研討會」，講評拙作〈詩經的「比」與譬喻的關係〉，提出「詳喻」一詞。「喻解」一說，見於譚德姿〈試談比喻的喻解〉一文，亦見於黎運漢、張維耿《現代漢語修辭學》，頁九，書林出版社，一九九一年九月初版。

④ 見黃亦眞《文心雕龍比喻技巧研究》，頁一一二，學海出版社，一九九一年二月初版。

⑤ 見沈謙《文心雕龍與現代修辭學》，頁九七，文史哲出版社，一九九二年五月初版。

⑥ 見傅師隸樸《修辭學》，頁一二九，（臺北）中正書局，一九七七年十月台修一版。

《文心雕龍》之對偶類型

一、前言

劉勰論對偶之類型有四種：言對、事對、反對、正對。①劉氏以為「言對為言，事對為難；反對為優，正對為劣」。②「言對為易，事對為難」，此就作法之難易而分類。「反對為優，正對為劣」，此就內容之優劣而分類。日本遍照金剛則認為對偶之類型有二十九種。③張仁青先生卻以為對偶之類型有三十種。④各家分類，見仁見智。

本文擬依句型、寬嚴、內容分類，闡析《文心雕龍》原文運用對偶之類型。

二、依句型分類

黃師慶萱論對偶之類型，依句型分為句中對、單句對、隔句對、長對四種。⑤句中對，也叫當句對。單句對，又叫單對。隔句對，也叫扇面對、扇對、雙句對。長對，又叫長偶對。

㈠句中對

《文心雕龍》原文運用句中對者綦多，如〈原道〉云：⑥

> 為五行之秀氣，實天地之心生，心生而言立，言立而文明，自然之道也。

此言人係五行之秀氣，天地之心生，心生、言立、文明，此乃自然之道。「心生而言立」，是句中對。「心」對「言」，皆是名詞。「生」對「立」，既是動詞，又是平仄協調。又如〈宗經〉云：

> 夫文以行立，行以文傳，四教所先，符采相濟，邁德樹聲，莫不師聖，而建言修辭，鮮克宗經；是以楚艷漢侈，流弊不還，正末歸本，不其懿歟！

此言文行互濟，排斥楚豔漢侈，流弊不還，以強調宗經之美。「楚豔漢侈」，係句中對。「楚」對「漢」皆是名詞。「豔」對「侈」，皆是形容詞。「正末歸本」，亦爲句中對。「正」對「歸」，既是動詞，又是平仄協調。「末」對「本」，皆是名詞。此外，又如〈徵聖〉云：「固銜華而佩實者也」、「徵聖立言」；〈正緯〉云：「今經正緯奇」；〈辨騷〉云：「依經立義」；〈明詩〉云：「感物吟志」；〈詮賦〉云：「鋪采摛文」；〈祝盟〉云：「甘雨和風」；〈雜文〉云：「碎文瑣語」；〈史傳〉云：「立義選言」；〈諸子〉云：「棄邪而採正」；〈論說〉云：「必使時利而義貞」；〈詔策〉云：「騰義飛辭」；〈檄移〉云：「移風易俗」；〈奏啓〉云：「事略而意誣」；〈議對〉云：「志足文遠」；〈體性〉云：「辭直義暢」；〈風骨〉云：「瘠義肥辭」；〈通變〉云：「競古疏今」；〈事類〉云：「援古以證今者也」；〈比興〉云：「依《詩》製〈騷〉」；〈夸飾〉云：「倒海探珠」；〈物色〉云：「天高氣清」；〈序志〉云：「樹德建言」，這些例句皆屬於句中對。

㈡單句對

《文心雕龍》原文運用單句對者甚多，如〈章句〉云：

> 若辭失其朋，則羈旅而無友，事乖其次，則飄寓而不安；是以搜句忌於顛倒，裁章貴於順序，斯固情趣之指歸，文筆之同致也。

此言文章布局須謹嚴，層次應分明，措辭宜文從字順。「搜句忌於顛倒，裁章貴於順序」，係單句對。「搜」對「裁」，皆是動詞。「句」對「章」，既是名詞，又是平仄協調。「忌」對「貴」，皆是形容詞。「顛倒」與「順序」，係互文。又如〈養氣〉云：

> 吐納文藝，務在節宣，清和其心，調暢其氣，煩而即捨，勿使壅滯，意得則舒懷以命筆，理伏則投筆以卷懷。

此言作文務在節宣，使其心清和，使其氣調暢，言以蔽之養氣之道。「清和其心，調暢其氣」，係單句對。「清和」對「調暢」，皆是致使動詞。「心」對「氣」，既是名詞，又是平仄協調。「意得則舒懷以命筆，理伏則投筆以卷懷」，亦爲單句對。「意」對「理」，皆是名詞。「得」對「伏」，皆是動詞。「舒」對「投」，皆是動詞。「懷」對「筆」，既是名詞，又是平仄協調。「命」對「卷」，皆是動詞。此外，又如〈原道〉云：「形立則文生，聲發則章成」、「龍圖獻體，龜書呈貌」；〈徵聖〉云：「含章之玉牒，秉文之金科」、「論文必徵於聖，窺聖必宗於經」；〈宗經〉云：「昭昭若日月之代明，離離如星辰之錯行」；〈銘箴〉云：「有佩於言，無鑒於水」；〈誄碑〉云：「觀風似面，聽辭如泣」；〈哀弔〉云：「情往會悲，文來引泣」；〈諧讔〉云：「心險如山，口壅若川」；〈檄移〉云：「觀電而懼雷壯，聽聲而懼兵威」；〈章表〉云：「言必貞明，義則弘偉」；〈神思〉云：「疏瀹五藏，澡雪精神」；〈體性〉云：「情動而言形，理發而文見」；〈指瑕〉云：「無翼而飛者聲也，無根而固者情也」；〈附會〉云：「畫者謹髮而易貌，射者儀毫而失牆」；〈總術〉云：「控引情節，制勝文苑」；〈時序〉云：「時運交移，質文代變」；〈物色〉云：「目既往還，心亦吐納」。

㈢隔句對

《文心雕龍》原文運用隔句對者，不乏其例，如〈詮賦〉云：

> 荀結隱語，事義自環；宋發夸談，實始淫麗；枚乘〈兔園〉，舉要以會新；相如〈上林〉，繁類以成豔；賈誼〈鵩鳥〉，致辨於情理；子淵〈洞簫〉，窮變於聲貌；孟堅〈兩都〉，明絢以雅贍；張衡〈二京〉，迅拔以宏富；子雲〈甘泉〉，構深偉之風；延壽〈靈光〉，含飛動之勢；凡此十家，並辭賦之英傑也。

劉勰評述自先秦至兩漢辭賦作家及其作品。「荀結隱語，事義自環；宋發夸談，實始淫麗。」係隔句對。「荀結隱語」對「宋發夸談」。「荀」對「宋」，既是名詞，又是平仄協調。「結」對「發」，皆是動詞。「隱」對「夸」，皆是形容詞當副詞用。「語」對「談」，皆是動詞。「事」對「實」，

「義」對「始」，「自」對「淫」，「環」對「麗」，皆是平仄協調。易言之，第一句對第三句，第二句對第四句，即隔句對。「枚乘〈兔園〉」對「相如〈上林〉」，「舉要以會新」對「繁類以成豔」；「賈誼〈鵩鳥〉」對「子淵〈洞簫〉」，「致辨於情理」對「窮變於聲貌」；「孟堅〈兩都〉」對「張衡〈二京〉」，「明絢以雅贍」對「迅拔以宏富」；「子雲〈甘泉〉」對「延壽〈靈光〉」，「構深偉之風」對「含飛動之勢」；這些例句皆是隔句對。又如〈神思〉云：

> 文之思也，其神遠矣；故寂然凝慮，思接千載；悄焉動容，視通萬里；吟詠之間，吐納珠玉之聲；眉睫之前，卷舒風雲之色；其思理之致乎！

此言神思之妙境，無遠弗屆，不受時間空間限制的情景。「寂然凝慮」對「情焉動容」、「思接千載」對「視通萬里」；「吟詠之間」對「眉睫之前」；「吐納珠玉之聲」對「卷舒風雲之色」；皆是隔句對。此外，又如〈原道〉云：「林籟結響，調如竽瑟；泉石激韻，和若球鍠」；〈詮賦〉云：「情以物興，故義必明雅；物以情睹，故詞必巧麗」；〈體性〉云：「辭理庸儁，莫能翻其才；風趣剛柔，寧或改其氣」；〈風骨〉云：「練於骨者，析辭必精；深於風者，述情必顯」；這些例句皆是隔句對。

(四)長偶對

《文心雕龍》原文運用長偶對者，比較罕見，但亦不乏其例，如〈辨騷〉云：

> 將覈其論，必徵言焉：故其陳堯舜之耿介，稱禹湯之祗敬，典誥之體也；譏桀紂之猖披，傷羿澆之顛隕，規諷之旨也；虬龍以喻君子，雲蜺以譬讒邪，比興之義也；每一顧而掩涕，歎君門

之九重，忠怨之辭也；觀茲四事，同於風雅者也。

劉勰列舉〈離騷〉與經典相同者有四事，蓋「〈離騷〉之文，依經立義」⑦。所謂長偶對，是指語文中，運用第一句對第四句，第二句對第五句，第三句對第六句的一種修辭技巧，也叫長對。「陳堯舜之耿介，稱禹湯之祗敬，典誥之體也」對「譏桀紂之猖披，傷羿澆之顛隕，規諷之旨也」，係長偶對。「陳」對「譏」，皆是動詞。「堯舜」對「桀紂」，皆是名詞。「耿介」對「猖披」，皆是形容詞。「稱」對「陳」，皆是動詞。「禹湯」對「羿澆」，皆是名詞。「祗敬」對「顛隕」，皆是動詞。「典誥」對「規諷」，皆是形容詞。「典誥」原是名詞，這裡當形容詞用；「規諷」原是動詞，這裡當形容詞用。「體」對「旨」，皆是名詞。「虬龍以喻君子，雲蜺以譬讒邪，比興之義也；每一顧而掩涕，歎君門之九重，忠怨之辭也」，亦是長偶對。文如〈練字〉云：

夫《爾雅》者，孔徒之所纂，而《詩》《書》之襟帶也；《倉頡》者，李斯之所輯，而鳥籀之遺體也。

此言《爾雅》與經典之關係，如衣服與襟帶，是息息相關，所謂「小學通，經學明」是也。李斯所輯《倉頡》一書，係蒐集古文大篆。「《爾雅》者，孔徒之所纂，而《詩》《書》之襟帶也；《倉頡》者，李斯之所輯，而鳥籀之遺體也」，係長偶對。「爾雅」對「倉頡」，皆是書名。「孔徒」對「李斯」，皆是人名。「纂」對「輯」，皆是動詞。「詩書」對「鳥籀」，皆是名詞。「帶」對「體」，皆是名詞。

三、依寬嚴分類

對偶依寬嚴分類，分為寬對、嚴對兩種。寬對在形式上，不像嚴對極為嚴格，語法結構大致相當即可，不必詞性和平仄；但嚴對必須注意平仄協調，詞彙不能相同的字，語法結構必須相同，詞性應該相同。⑧

㈠寬對

《文心雕龍》原文運用寬對者甚衆，如〈頌贊〉云：

原夫頌惟典懿，辭必清鑠；敷寫似賦，而不入華侈之區；敬慎如銘，而異乎規戒之域。

此言寫作「頌」之要領，須典懿清鑠，似賦不入華侈，如銘異乎規戒。「敷寫以賦，而不入華侈之區；敬愼如銘，而異乎規戒之域。」就整體而言，係寬對；有相同的「而」、「之」，且平仄不協調者有之，如「寫」與「愼」皆仄聲。就部分而言，「以」對「如」、「賦」對「銘」；「區」對「域」，既是詞性相同，又是平仄協調，屬於嚴對。又如〈序志〉云：

形甚草木之脆，名踰金石之堅，是以君子處世，樹德建言，豈好辯哉？不得已也。

此言人生有限，名聲永恆，惟有樹德建言，方能名垂不朽。「形甚草木之脆，名踰金石之堅。」就整體而言，是寬對；運用相同的「之」字，且平仄不協調者，如「形」與「名」、「草」與「踰」。就部分而言，係嚴對；「草木」與「金石」，既是名詞相同，又是平仄協調；「脆」與「堅」，既是形容詞相同，又是平仄協調。此外，又如〈原道〉云：「觀天文以極變，察人文以成化」；〈辨騷〉云：「酌奇正而不失其貞，翫華而不墜其實」；〈史傳〉云：「言經則《尚書》，事經則《春秋》」；〈鎔裁〉云：「善刪者字去而意留，善敷者辭殊而義顯」；〈聲律〉云：「由外聽易爲巧，而內聽難爲聰」；〈麗辭〉云：「罪疑惟輕，功疑惟重」；〈總術〉云：「執術馭篇，似善弈之窮數；棄術任心，如博塞之邀遇」；〈知音〉云：「操千曲而後曉聲，觀千劍而後識器」，這些例句就整體而言，屬於寬對。

㈡嚴對

《文心雕龍》原文運用嚴對者，不乏其例，如〈徵聖〉云：

百齡影徂，千載心在。

此言人生有限，百歲時光，如形影忽焉消逝，惟有寄託心志於文章，方能永垂不朽，流傳千年。「百」對「千」，既是詞性相同，又是平仄協調。「齡」對「載」，皆是名詞相同，但平仄不協調，都是仄聲。「影」對「心」，既是名詞相同，又是平仄協調。「徂」對「在」，既是動詞相同，又是平仄協調。「百齡影徂」對「千載心在」，除「齡」與「載」係寬對外，其餘皆是嚴對。又如〈知音〉云：

圓照之象，務先博觀。閱喬岳以形培塿，酌滄波以喻畎澮，無私於輕重，不偏於憎愛，然後能平理若衡，照辭如鏡矣。

此言衡文之道，在於博觀、無私、不偏，始能客觀。「平理若衡，照辭如鏡」，係嚴對。「平」對

「照」，既是動詞相同，又是平仄協調。「理」對「辭」，既是名詞相同，又是平仄協調。「若」對「如」，既是詞性相同，又是平仄協調。「衡」對「鏡」，既是名詞相同，又是平仄協調。此外，又如〈樂府〉云：「韶響難追，鄭聲易啓。」「韶響」對「鄭聲」，既是名詞相同，又是平仄協調；「難」對「易」，既是詞性相同，又是平仄協調；「追」對「啓」，既是動詞相同，又是平仄協調；因此「韶響難追」對「鄭聲易啓」，屬於嚴對。又如〈序志〉云：「振葉以尋根，觀瀾而索源。」「振」對「觀」，既是動詞相同，又是平仄協調。「葉」對「瀾」，既是名詞相同，又是平仄協調。「以」對「而」，既是詞性相同，又是平仄協調。「尋」對「索」，既是動詞相同，又是平仄協調。「根」對「源」，名詞相同，但平仄不協調。「振葉以尋根」對「觀瀾而索源」，除「根」對「源」係寬對外，其他皆是嚴對。

四、依內容分類

《文心雕龍》原文運用對偶，不止依句型分類、依寬嚴分類，尚有依內容分類。對偶之類型，依內容分類，有下列數端：

(一)數目對

《文心雕龍》原文運用數目對者不鮮，如〈明詩〉云：

若夫四言正體，則雅潤為本，五言流調，則清麗居宗；華實異用，惟才所安。

此言四言詩以典雅溫潤爲主，五言詩則以清新華麗爲本，二者功用迥異，但以作家才性決定作品風格。「四言」對「五言」，係數目對。又如〈諸子〉云：

身與時舛，志共道申，標心於萬古之上，而送懷於千載之下，金石靡矣，聲其銷乎？

劉勰感慨時舛道申，惟有標心萬古，送懷千載，方能永垂不朽。「標心於萬古之上」對「送懷於千載之下」，其中「萬」對「千」，既是數目對，又是嚴對。「萬」與「千」，既是詞性相同，又是平仄協調。此外，又如〈明詩〉云：「儷采之百字之偶，爭價一句之奇」；〈頌贊〉云：「化偃一國謂之風，風正四方謂之雅」；〈書記〉云：「萬古聲薦，千里應拔」；〈練字〉云：「富於萬篇，貧於一字」；〈養氣〉云：「紛哉萬象，勞矣千想」；〈附會〉云：「驅萬塗於同歸，貞百慮於一致」；〈才略〉云：「一朝綜文，千年凝錦」；〈序志〉云：「五禮資之以成文，六典因之以致用」；這些例句皆是數目對。

(二)方位對

《文心雕龍》原文運用方位對者甚多，如〈雜文〉云：

自桓麟〈七說〉以下，左思〈七諷〉以上，枝附影從，十有餘家。

此言自桓麟至左思之作品，皆相互欽慕仿效，如枝相附，似影相隨。「下」對「上」，係方位對。「桓麟」對「左思」，是人名對。〈七說〉對〈七諷〉，則爲篇名對。又如〈封禪〉云：

夫正位北辰，嚮明南面，所以運天樞，毓黎獻者，何嘗不經道緯德，以勒皇蹟者哉？

此言天子治理天下，以德化民，而後封禪勒蹟。「北辰」對「南面」，既是嚴對，又是方位對。「北」對「南」，既是方位對，又是詞性相同，更是平仄協調。「辰」對「面」既，是既是名詞相同，又是平仄協調。此外，又如〈奏啓〉云：「言敷于下，情進于上」；〈神思〉云：「形在江海之上，心存魏闕之下」；〈情采〉云：「鏤心鳥跡之中，織辭魚網之上」；〈麗辭〉云：「驥在左驂，駑爲右服」、「左提右挈」；〈夸飾〉云「形而上謂之道，形而下謂之器」；〈隱秀〉云：「隱也者，文外之重旨也；秀也者，篇中之獨拔者也」；〈物色〉云：「窺情風景之上，鑽貌草木之中」；〈程器〉云：「聲昭楚南，采動梁北」；這些例句皆是方位對。其中「聲昭楚南」對「采動梁北」，不止是方位對，又是國名對，亦是嚴對。

(三)人名對

《文心雕龍》原文運用人名對者甚夥，如〈雜文〉云：

> 傅毅〈七激〉，會清要之工；崔駰〈七依〉，入博雅之巧；張衡〈七辨〉，結采錦靡；崔瑗〈七蘇〉，植義純正；陳思〈七啟〉，取美於宏壯；仲宣〈七釋〉，致辨於事理。

此言傅毅、崔駰、張衡、崔瑗、陳思、仲宣之作品特色。「傅毅」對「崔駰」、「張衡」對「崔瑗」、「陳思」對「仲宣」，皆是人名對。〈七激〉對〈七依〉、〈七辨〉對〈七蘇〉、〈七啓〉對〈七釋〉，皆是篇名對。又如〈章句〉云：

> 賈誼枚乘，兩韻輒易；劉歆桓譚，百句不遷；亦各有其志也。

此言劉歆、桓譚之作品，一韻到底；而賈誼、枚乘則四句兩韻即換韻。「賈誼」對「劉歆」、「枚乘」對「桓譚」，皆是人名對。此外，又如〈明詩〉云：「大禹成功，九序惟歌；太康敗德，五子咸諷。」「大禹」對「太康」，係人名對。「九」對「五」，則爲數目對。又如〈論說〉云：「莊周〈齊物〉，以論爲名；不韋《春秋》，六論昭列。」「莊周」對「不韋」，係人名對。又如〈神思〉云：「相如含筆而腐毫，揚雄輟翰而驚夢；桓譚疾感於苦思，王充氣竭於思慮；張衡研〈京〉以十年，左思練〈都〉以一紀」；〈麗辭〉云：「毛嬙障袂，不足程式；西施掩面，比之無色」；〈序志〉云：「涓子《琴心》，王孫《巧心》」；這些例句皆是人名對。

(四)反對

《文心雕龍》原文運用反對者特多，如〈正緯〉云：

《經》顯，聖訓也；《緯》隱，神教也。

此言經典義理顯明，旨在開示聖人之訓誨，是以聖訓廣；緯書神教隱晦，藉鬼神以樹立自己之觀點，是故神教宜約。「顯」對「隱」，係反對；「顯」是正面，「隱」是反面。又如〈情采〉云：

虎豹無文，則鞹同犬羊；犀兕有皮，而色資丹漆；質待文也。

此言文不厭采之理，舉虎豹，犀兕加以闡述。「無」對「有」，不止是詞性相同、平仄協調，亦是反對。此外，又如〈宗經〉云：「辭約而旨豐，事近而喻遠。」「約」對「豐」，係反對；「近」對「遠」，亦是反對。又如〈辨騷〉云：「氣往轢古，辭來切今。」「往」對「來」，係反對，又是詞性相同、平仄協調之嚴對。「古」對「今」，既是詞性相同、平仄協調之嚴對，又是正反對比之反對。又如〈神思〉云：「意翻空而易奇，言徵實而難巧。」「易」對「難」，既是正反對比之反對，又是平仄協調、詞性相同之嚴對。又如〈定勢〉云：「舊練之才，則執正以馭奇；新學之銳，則逐奇而失正。」「舊」對「新」、「正」對「奇」，皆是正反對比之反對，又是詞性相同、平仄協調之嚴對。又如〈麗辭〉云：「滿招損，謙受益。」「滿」對「謙」，既是反對，又是嚴對。又如〈夸飾〉云：「說多則子孫千億，稱少則民靡孑遺。」「多」對「少」，既是反對，又是嚴對。又如〈事類〉云：「〈既濟〉九三，遠引高宗之伐；〈明夷〉六五，近書箕子之貞。」「遠」對「近」，係反對。又如〈隱秀〉云：「朱綠染繒，深而繁鮮；英華耀樹，淺而煒燁。」「深」對「淺」既是反對，又是嚴對。又如〈附會〉云：「善附者異旨如肝膽，拙會者同音如胡越。」「異」對「同」，既是嚴對，又是反對。又如〈程器〉云：「窮則獨善以垂文，達則奉時以騁績。」「窮」對「達」，既是反對，又是嚴對。

《文心雕龍》原文除運用數目對、方位對、人名對、反對外，尙運用地名對，如〈麗辭〉云：「漢祖想枌榆，光武思白水。」「枌榆」對「白水」，係地名對。又有國名對，如〈麗辭〉云：「鍾儀幽而楚奏，莊舄顯而越吟。」「楚」對「越」，係國名對。「鍾儀」對「莊舄」，是人名對。「幽」對「顯」，則爲反對。又有篇名對，如〈才略〉云：「殷仲文之〈秋興〉，謝叔源之〈閒情〉。」「秋興」對「閒情」，係篇名對。「殷仲文」對「謝叔源」，則爲人名對。又有曲名對，如〈知音〉云：

「莊周所以笑〈折楊〉，宋玉所以傷〈白雪〉。」「折楊」對「白雪」，係曲名對。「莊周」對「宋玉」，則爲人名對。又有書名對，如〈宗經〉云：「《尚書》則覽文如詭，而尋理即暢；《春秋》則觀辭立曉，而訪義方隱。」「尚書」對「春秋」，係書名對。又有動物對，如〈原道〉云：「龍鳳以藻繪呈瑞，虎豹以炳蔚凝姿。」「龍鳳」對「虎豹」，是動物對；龍鳳、虎豹，皆是動物。又有神名對，如〈原道〉云：「河圖孕乎八卦，洛書韞乎九疇。」「河」是河神。「洛」，是洛神。「河」對「洛」，既是神名對，又是詞性相同、平仄協調之嚴對。又有顏色對，如〈原道〉云：「丹文綠牒之華。」「丹」，是紅色。「丹」對「綠」，既是顏色對，又是平仄協調、詞性相同之嚴對。「文」對「牒」，皆是名詞。

五、結　語

《文心雕龍》原文運用對偶之類型，依句型分類，有句中對、單句對、隔句對、長偶對等四種；依寬嚴分類，僅有寬對、嚴對兩種；依內容分類，有數目對、方位對、人名對、反對、地名對、國名對、篇名對、曲名對、書名對、動物對、神名對、顏色對等十二種。

【附　註】

① 詳見《文心雕龍·麗辭》。

②　同註①。

③　詳見《文鏡秘府論》頁一〇八至一四四，蘭臺書局印行，民國五十八年七月初版。

④　詳見《魏晉南北朝文學思想史》，頁七十四至八十一，文史哲出版社印行，民國六十七年十二月初版。

⑤　詳見《修辭學・對偶》。民國六十四年一月初版《修辭學》，將對偶分爲句中對、單句對、雙句對、長對四種。七十五年九月增訂初版，將對偶分爲句中對、單句對、隔句對、長對四種。

⑥　自此以降，引用《文心雕龍》原文，逕稱篇名。引文以王師更生精校《文心雕龍》原文爲主，參閱《文心雕龍讀本》。

⑦　見《文心雕龍・辨騷》。

⑧　參閱陸稼祥、池太寧主編《修辭方式例解詞典》，頁六十二至六十三，浙江教育出版社印行，民國七十九年九月初版。

【參考書目】

文心雕龍札記　黃侃　文史哲出版社

文心雕龍註　范文瀾　學海出版社

文心雕龍校釋　劉永濶　華正書局

文心雕龍新書　王利器　香港龍門書店

文心雕龍斠詮　李曰剛　國立編譯館
文心雕龍研究　王師更生　文史哲出版社
文心雕龍讀本　王師更生　文史哲出版社
修辭學　黃師慶萱　三民書局
修辭學　沈謙　國立空中大學
修辭析論　董季棠　文史哲出版社
修辭學發凡　陳望道　文史哲出版社
修辭方式例解詞典　陸稼祥、池太寧主編　浙江教育出版社
文鏡秘府論　遍照金剛　蘭臺書局

《文心雕龍》之反對類型

一、前言

《文心雕龍．麗辭》云：「麗辭之體，凡有四對：言對爲易，事對爲難；反對爲優，正對爲劣。」劉勰論對偶之分類，有言對、事對、反對、正對四種。所謂反對，是指在語文中，由兩個意義相反而相對的短語或句子組成的一種修辭手法。本文以反對爲經，《文心雕龍》爲緯，探究《文心雕龍》之反對類型。茲依句型、內容、寬嚴，闡析反對之類型。

二、依句型分類

㈠當句對

所謂當句對，是指在分句中，兩兩相對之一種修辭技巧，亦稱爲句中對。例如《文心雕龍．宗經》①云：

根柢槃深，枝葉峻茂，辭約而旨豐，事近而喻遠，是以往者雖舊，餘味日新，後進追取而非晚，前修久用而未先，可謂太山遍雨，河潤千里者也。

此言五經之思想理論，槃深峻茂，言簡意賅，歷久彌新，嘉惠後學既廣且遠。「辭約而旨豐」，是當句對。「辭」對「旨」，皆是名詞，既是詞性相同，又是平仄協調；「約」對「豐」，皆是形容詞，既是詞性相同，亦是平仄協調。「約」與「豐」，意義相反，因此是反對。「事近而喩遠」，亦是當句對。「近」與「遠」，既是詞性相同，亦是意義相反之對偶。又如〈正緯〉云：

今經正緯奇，倍摘千里，其偽一矣。

此言經典雅正，緯書奇詭，違背抵觸，相差甚遠。「經正緯奇」，是當句對。「經」對「緯」，皆是名詞，既是詞性相同，又是平仄協調，亦是意義相反之對偶。「正」對「奇」，皆是形容詞，既是詞性相同，又是平仄協調。「正」與「奇」係意義正反之對偶，因此是反對。又如〈體性〉云：

新奇者，擯古競今，危側趣詭者也。

此言新奇之風格特色。「擯古競今」，係當句對。「擯」對「競」皆是動詞，詞性相對。「古」對「今」，皆是名詞，既是詞性相同，又是平仄協調。「古」與「今」，是意義相反之對偶。又如〈鎔裁〉云：

善刪者字去而意留。

此言擅長修改文章，務必字去意留。「字去意留」，係當句對。「字」對「意」，皆是名詞，詞性相同。「去」對「留」，皆是動詞，既是詞性相同，又是平仄協調。「去」與「留」，是意義相反之對偶。又如〈事類〉云：

事類者，蓋文章之外，據事以類義，援古以證今者也。

此言事類在文章上之功用。「援古以證今」，係當句對，「援」對「證」，皆是動詞，既是詞性相同，又是平仄協調。「古」對「今」，既是詞性相同，又是平仄協調。「古」與「今」，是意義相反之對偶。此外，又如〈知音〉云：「俗鑒之迷者，深廢淺售，此莊周所以笑〈折楊〉，宋玉所以傷〈白雪〉也。」其中「深廢淺售」，也是當句對。「深」與「淺」，是意義相反之對偶。又如〈知音〉云：「鑒照洞明，而貴古賤今者，二主是也。」「貴古賤今」，也是當句對。「貴」對「賤」、「古」對「今」，皆是意義相反之對偶。又如〈知音〉云：「才實鴻懿，而崇己抑人者，班、曹是也。」「崇己抑人」，亦是當句對。「崇」對「抑」、「己」對「人」，皆是意義相反之對偶。又如〈知音〉云：「學不逮文，而信僞迷眞者，樓護是也。」「信僞迷眞」，亦是當句對。「個」對「迷」、「僞」對「眞」，皆是意義相反之對偶。

(二)單句對

所謂單句對，是指在文句中，上下兩句相對之一種修辭手法，亦稱爲單對。《文心雕龍》運用單句對者甚多，例如〈辨騷〉云：

〈卜居〉標放言之致，〈漁父〉寄獨往之才，故能氣往轢古，辭來切今，驚采絕豔，難與並能矣。

此言〈卜居〉、〈漁父〉之氣勢超邁，陵越古人，辭開來世，切合時代需要。「氣往轢古，辭來切今」，是單句對。「往」對「來」，皆是動詞，既是詞性相同，又是平仄協調。「古」對「今」，皆是名詞，既是詞性相同，又是平仄協調。「往」、「古」，皆是仄聲；「來」、「今」，皆是平聲。又如〈明詩〉云：

宋初文詠，體有因革，莊老告退，而山水方滋，儷辭百字之偶，爭價一句之奇。

此言南朝劉宋時代，談玄說道之詩歌日漸式微，而陶淵明之田園詩，謝靈運之山水詩日漸興盛，此時重視形式，而輕視內容，僅顧講求對偶文采。「儷辭百字之偶，爭價一句之奇」，亦是單句對。「百字」對「一句」，是反對。「偶」對「奇」，亦是意義相反之對偶。「偶」與「奇」，皆是名詞，既是詞性相同，又是平仄協調的對偶。又如〈樂府〉云：

韶響難追，鄭聲易啟。

此言古代韶樂雅音，已難仿效；鄭國淫靡之聲，卻廣泛流行於社會。「韶響難追」對「鄭聲易啟」，是單句對。「韶」對「鄭」，既是詞性相同，又是意義相反，係反對。「響」對「聲」，既是詞性相同，又是平仄協調的對偶。「難」對「易」，既是詞性相同，又是平仄協調，亦是意義相反之對偶。「追」對「啟」，既是詞性相同，又是平仄協調。又如〈銘箴〉云：

有佩於言，無鑒於水。

此言不僅將銘文、箴言必須謹記在心，並以銘文、箴言來觀察自己，正如以水照形。「有」對「無」，既是詞性相同，又是平仄協調，亦是意義相反之對偶。「佩」對「鑒」，皆是動詞。「言」對「水」，皆是名詞，既是詞性相同，又是平仄協調之對偶。又如〈麗辭〉云：

滿招損，謙受益。

此言驕傲之害處，謙虛之益處。謙虛如稻穗，人見人愛；驕傲如雜草，人見人恨。「滿」對「謙」，既是詞性相同、平仄協調，又是意義相反之對偶。「招」對「受」既是詞性相對，又是意義相反之對偶。此外又如〈麗辭〉云：「言對爲易，事對爲難；反對爲優，正對爲劣。」「易」對「難」，既是詞性相同、平仄協調，又是意義相反之對偶。「反」對「正」，既是詞性相同，又是意義相同之對偶。「優」對「劣」，既是詞性相同，又是平仄協調，亦是意義相反之對偶。

㈢隔句對

所謂隔句對，是指第一句與第三句相對，第二句與第四句相對之一種修辭方式，亦稱爲扇面對、扇對。《文心雕龍》原文運用隔句對者，不乏其例。例如〈正緯〉云：

《經》顯，聖訓也；《緯》隱，神教也。

此言經典義理明顯，旨在開示聖人之訓誨，其教化廣博；緯書神教隱晦，藉著鬼神來樹立自己之說法，其道理簡要。「經」與「緯」，既是詞性相同，又是平仄協調，亦是意義相反之對偶。「顯」與「隱」，既是詞性相同，又是意義相反之對偶。「聖」與「神」，既是詞性相同，又是平仄協調的對偶。「訓」與「教」，是詞性相同之對偶。又如〈鎔裁〉云：

句有可削，足見其疏；字不得減，乃知其密。

此言造句力求簡潔流暢，字在精而不在多。文章若有文句須修改，可見其疏漏；若有文句不必修改，可見其謹嚴。「句」與「字」，是詞性相同之對偶。「有」與「不」，既是詞性相同，又是意義相反之對偶。「可」與「得」，是詞性相同之對偶。「削」與「減」，亦是詞性相同之對偶。「足」與「乃」，既是詞性相同，又是平仄協調之對偶。「見」與「知」，既是詞性相同，又是平仄協調之對偶。「疏」與「密」，既是詞性相同，又是平仄協調，亦是意義相反之對偶。又如〈練字〉云：

瘠字累句，則纖疏而行劣；肥字積文，則黯黕而篇闇。

此言作文時，單體瘠字和複體肥字必須參伍錯綜，磊落有致；若是單體瘠字太多或複體肥字太多，皆有缺陷。「瘠」與「肥」，既是詞性相同，又是意義相反之對偶。「累」與「積」，是詞性相同之對偶。「句」與「文」，既是詞性相同，又是平仄協調，亦是意義相反之對偶。「纖疏」與「黯黕」，既是詞性相同，又是平仄協調之對偶。「句」與「文」，既是詞性相同，又是平仄協調，亦是意義相反之對偶。「纖疏」與「黯黕」，既是詞性相同，又是平仄協調之對偶。「行」與「篇」，是詞性相同之對偶。「劣」與「闇」，亦是詞性相同之對偶。又如〈隱秀〉云：

朱綠染繒，深而繁鮮；英華耀樹，淺而煒燁。

此言文章美妙天成，宛如樹木開放奇葩異采，光澤淺淡，而盛美鮮明；文句經潤飾後，產生美麗之辭藻，猶如絲綢染上朱紅碧綠之色彩，顏色深濃，而繁縟鮮豔。「朱綠」對「英華」，「染」對「耀」，

「縉」對「樹」。「染」與「耀」、「縉」與「樹」，皆是詞性相同，平仄協調之對偶。「深」與「淺」，既是詞性相同，又是平仄協調，亦是意義相反之對偶。「繁鮮」與「煒燁」，皆是詞性相同之對偶。又如〈總術〉云：

精者要約，匱者亦尠，博者該贍，蕪者亦繁。

此言從事寫作，必先洞悉寫作技巧，否則會產生不穩定之現象，弄得好壞不分。「精」與「博」，既是詞性相同，又是意義相反之對偶。「要約」與「該贍」，既是詞性相同，又是意義相反之對偶。「匱」與「蕪」，既是詞性相同，又是平仄協調之對偶。「尠」與「繁」，既是詞性相同，又是意義相反之對偶。此外，又如〈序志〉云：「茫茫往代，既洗予聞；眇眇來世，倘塵彼觀也。」「往代」與「來世」，既是詞性相同，又是意義相反之對偶。

(四)長偶對

所謂長偶對，是指第一句與第四句相對，第二句與第五句相對，第三句與第六句相對之一種修辭方法，亦稱為長對。《文心雕龍》原文運用長偶對者，例如〈序志〉云：

有同乎舊談者，非雷同也，勢自不可異也；有異乎前論者，非苟異也，理自不可同也。

此言劉勰撰《文心雕龍》之取材態度，務必折衷。「同」與「異」，既是詞性相同，又是平仄協調，亦是意義相反之對偶。「舊談」與「前論」，既是詞性相同，又平仄協調之對偶。「雷同」與「苟異」，既是詞性相同，又是意義相反之對偶。「勢」與「理」，是詞性相同之對偶。

三、依內容分類

㈠有無

《文心雕龍》原文以「有」、「無」所構成之對偶者，例如〈原道〉云：

雲霞雕色，有踰畫工之妙；草木賁華，無待錦匠之奇。

此言文章原於自然，自然就是美，正如同「雲霞雕色」、「草木賁華」是自然美。晚霞和花朵，雖然很美，但無人工雕飾。「雲霞雕色」對「草木賁華」，「有踰畫工之妙」對「無待錦匠之奇」。「雲霞」與「草木」是詞性相同之對偶。「雕」與「賁」，亦是詞性相同之對偶。「色」與「華」，既是詞性相同，又是平仄協調之對偶。「有」與「無」，既是詞性相同，又是平仄協調，亦是意義相反之對偶。「踰」與「待」，皆是動詞，是詞性相同之對偶。「畫工」與「錦匠」，皆是名詞，也是詞性相同之對偶。「妙」與「奇」，皆是形容詞，既是詞性相同，又是平仄協調之對偶。又如〈情采〉云：「虎豹無文，則鞹同犬羊；犀兕有皮，而色資丹漆。」此言質待文也，「虎豹」對犀兕」，「有」對「無」，「文」對「皮」。「有」與「無」，既是詞性相同，又是平仄協調，亦是意義相反之對偶。「則」對「而」，「鞹」對「色」，「同」對「資」，「犬羊」對「丹漆」。此外，又如〈銘箴〉云：「有佩於言，無鑒於水。」此亦是由「有」與「無」所組成之對偶。又如〈練字〉云：「雖文不必有，而體非不無。」此亦由「有」、「無」所構成之對偶。就「有」、「無」而言，係對偶。

(二)難易

《文心雕龍》原文以「難」、「易」所組成之對偶者，例如〈聲律〉云：

良由外聽易為巧，而內聽難為聰。

此以樂聲比方文章的聲律，闡明內聽外聽之難易。「外」與「內」，既是詞性相同，又是意義相反之對偶。「易」與「難」，既是詞性同，又是平仄協調，是意義相反之對偶。這例句不止由「難」、「易」所組成之對偶，亦由「內」、「外」所構成之對偶。又如〈樂府〉云：「韶響難追，鄭聲易啓。」此亦由「難」、「易」所組成之對偶。又如〈神志〉云：「意翻空而易奇，言徵實而難巧。」又如〈麗辭〉云：「言對爲易，事對爲難。」又如〈序志〉云：「詮序一文爲易，彌綸群言爲難。」此亦由「難」、「易」所構成之對偶。又如〈序志〉云：「逐物實難，憑性良易。」此亦由「難」、「易」所組成之對偶。就「難」、「易」而言，係反對。

(三)遠近

《文心雕龍》原文以「遠」、「近」所構成之對偶者，例如〈情采〉云：

而後之作者，採濫忽真，遠棄風雅，近師辭賦，故體情之製日疏，逐文之篇愈盛。

此言後世作者，遠棄風雅，近師辭賦，乃是大錯特錯。「遠棄風雅，近師辭賦」，乃由「遠」、「近」所組成之對偶。「遠」與「近」，既是詞性相同，又是意義相反之對偶。「棄」與「師」，皆是動詞，既是詞性相同，又是平仄協調，亦是意義相反之對偶。「風雅」與「辭賦」，皆是名詞，爲詞性相同之對偶。又如〈宗經〉云：「辭約而旨豐，事近而喻遠。」此亦由「近」、「遠」所構成之對偶。又如〈事類〉云：「〈既濟〉九三，遠引高宗之伐；〈明夷〉六五，近書箕子之貞。」此亦由「遠」、「近」所組成之對偶。就「遠」與「近」而言，係反對。

四古今

《文心雕龍》原文以「古」、「今」所組成之對偶者，例如〈通變〉云：

黃、唐淳而質，虞、夏質而辨，商、周麗而雅，楚、漢侈而豔，魏、晉淺而綺，宋初訛而新。從質及訛，彌近彌澹，何則？競今疏古，風末氣衰也。

此言自黃帝、唐堯之質樸，迄宋初之訛新，可謂時代愈近，作品韻味愈淡，蓋一般作家多模仿現代之新奇，而忽略古代之佳作，以致作品之情韻薄弱，氣勢衰微。「競今疏古」，即由「古」、「今」所組成之反對。「競」與「疏」既是詞性相同，又是平仄協調之對偶。「今」與「古」，既是詞性相同，又是平仄協調，亦是意義相反之對偶。此外。又如〈辨騷〉云：「氣往轢古，辭來切今。」又如〈體性〉云：「新奇者，擯古競今，危側趣詭者也。」又如〈通變〉云：「望今制奇，參古定法。」又如〈事類〉云：「事類者，蓋文章之外，據事以類義，援古以證今者也。」又如〈知音〉云：「鑒照洞明，而貴古賤今者，二主是也。」此皆由「古」、「今」所構成之對偶，就「古」、「今」而言，係反對。

五中外

《文心雕龍》原文以「中」、「外」所組成之對偶者，例如〈隱秀〉云：

隱也者，文外之重旨者也；秀也者，篇中之獨拔者也。

此言隱秀之義界。「隱」指含蓄，「秀」指精警。陸機〈文賦〉云：「石韞玉而山輝，水懷珠而川媚。」是「隱」之體現。〈文賦〉云：「立片言而居要，乃一篇之警策。」是「秀」之詮解。「隱」對「秀」，是詞性相同之對偶。「文」對「篇」亦爲詞性相同之對偶。「外」對「中」，既是詞性相同，又是平仄協調，亦是意義相反之對偶。此例句由「外」與「中」所構成之對偶，就「外」、「內」而言，係反對。

㈥上下

《文心雕龍》原文由「上」、「下」所構成之對偶者，例如〈諸子〉云：

夫自六國以前，去聖來遠，故能越世高談，自開戶牖。兩漢以後，體勢浸弱，雖明乎坦途，而類多依採。此遠近之漸變也。嗟夫！身與時舛，志共道申，標心於萬古之上，而送懷於千載之下，金石靡矣，聲其銷乎！

此言六國以前，兩漢以後，諸子文章演變大勢，並感慨時舛道申；惟有標心萬古，送懷千載，始能永垂不朽。「標心於萬古之上」與「送懷於千載之下」，係「上」、「下」所構成之反對。「標」與「送」，皆是動詞，既是詞性相同，又是平仄協調之對偶。「心」與「懷」，皆是名詞，係詞性相同之對偶。「萬」對「千」，皆是數目，既是詞性相同，又是平仄協調之對偶。「上」與「下」，既是詞性相同，又是意義相反之對偶。又如〈神思〉云：「形在江海之上，心存魏闕之下。」〈夸飾〉云：「夫形而上者謂之道，形而下者謂之器。」此亦「上」與「下」所組成之對偶。「道」與「器」，皆是名詞，亦爲詞性相同之對偶。一言以蔽之，就「上」對「下」而言，係意義相反之對偶，簡稱反對。

(七)多少

《文心雕龍》原文由「多」、「少」所構成之對偶者，例如〈夸飾〉云：

說多則子孫千億，稱少則民靡孑遺。

此就數量多少而言夸飾，並舉例闡明。放大之數量夸飾，以「子孫千億」形容子孫甚多。縮小之數量夸飾，以「民靡孑遺」形容飢民我死，一人亦不剩。「稱」與「說」，皆是名詞，係詞性相同之對偶。「多」與「少」，既是詞性相同，又是平仄協調，亦是意義相反之對偶。又如〈才略〉云：「文多兼善，辭少瑕累。」此亦以「多」、「少」所組成之對偶。

(八)往來

《文心雕龍》原文由「往」、「來」所組成之對偶者，例如〈哀弔〉云：

夸體為辭，則雖麗不哀；必使情往會悲，文來引泣，乃其貴耳。

此言文章之可貴，不在於辭藻華麗，而在於內容能感動讀者，始爲可貴。「情往會悲，文來引泣」，係「往」、「來」所構成之對偶。就「往」與「來」而言，既是詞性相同，又是平仄協調，亦是意義相反之對偶。「情」與「文」皆是名詞，係詞性相同之對偶。「會」與「引」，是詞性相同之對偶。

「悲」與「泣」，既是詞性相同，又是平仄協調之對偶。此外，又如〈辨騷〉云：「氣往轢古，辭來切今。」〈序文〉云：「茫茫往來，既洗予聞；眇眇來世，倘塵彼觀也。」此二例皆以「往」、「來」所組成之對偶。

㈨新舊

《文心雕龍》原文由「新」、「舊」所構成之對偶者，例如〈定勢〉云：

舊練之才，則執正以馭奇；新學之銳，則逐奇而失正。

此言定勢之要領，在於執正馭奇，而非逐奇失正。「舊」與「新」，既是詞性相同，又是平仄協調，亦是意義相反之對偶。「練」與「學」，是詞性相同之對偶。「才」與「銳」，既是詞性相同，又是平仄協調之對偶。「執」與「逐」，是詞性相同之對偶。「正」與「奇」，既是詞性相同，又是平仄協調之對偶。「以」與「而」，既是詞性相同，又是平仄協調之對偶。「馭」與「失」，是詞性相同之對偶。

㈩正邪

《文心雕龍》原文由「正」、「邪」所組成之對偶者，例如〈諸子〉云：

昔東平求諸子《史記》，而漢朝不興。蓋以《史記》多兵謀，而諸子雜詭術也。然洽聞之士，宜撮綱要，覽華而食實，棄邪而採正，極睇參差，亦學家之壯觀也。

此言研究諸子之態度，必本棄邪採正，覽華食實，方為學家之壯觀。「棄邪而採正」，係「正」、

「邪」所組成之當句對。「棄」與「採」，是詞性相同之對偶。「邪」與「正」，既是詞性相同，又是平仄協調，亦是意義相反之對偶。

反對之類型，依內容分類，不此十類，尚有「輕重」者，如〈麗辭〉云：「罪疑惟輕，功疑惟重。」又有「去留」者，如〈鎔裁〉云：「善刪者字去而意留。」還有「幽顯」者如〈麗辭〉云：「鍾儀幽而楚奏，莊舃顯而越吟。」再有「疏密」者，如〈神思〉云：「密則無際，疏則千里。」又有「優劣」者，如〈麗辭〉云：「反對爲優，正對爲劣。」再有「貧富」者，如〈練字〉云：「富於萬篇，貧於一字。」尚有「深淺」者，如〈知音〉云：「深廢淺售」。又有「人己」者，如〈知音〉云：「崇己抑人者，班、曹是也。」再有「眞僞」者，如〈知音〉云：「信僞迷眞者，樓護是也。」又有「同異」者，如〈附會〉云：「善附者異旨如肝膽，拙會者同音如胡越。」再有「本末」者，如〈宗經〉云：「正末歸本。」

四、依寬嚴分類

㈠寬對

所謂寬對，是指在語文中，兩兩相對，或詞性相對，或平仄相對之一種修辭技巧。《文心雕龍》原文運用寬對者甚夥，例如〈序志〉云：

銓序一文為易，彌綸群言為難。

此言劉勰撰《文心雕龍》之困難。「銓序」對「彌綸」皆是動詞，係詞性相同之對偶；但「銓」、「彌」皆是平聲，平仄不協調，此乃寬對。「文」對「言」，皆是平聲，平仄不協調，此乃寬對。「文」對「言」，皆是名詞，係詞性相同之對偶；「文」、「言」皆是平聲，平仄不協調，此乃寬對。

又如〈宗經〉云：

> 夫文以行立，行以文傳，四教所先，符采相濟，邁德樹聲，莫不師聖，而建言修辭，鮮克宗經。是以楚豔漢侈，流弊不還，正末歸本，不其懿歟！

此言文行互濟，斥楚豔漢侈，流弊不還，以強調崇經之美，並極力挽狂扶傾。「正末歸本」，是當句對。「末」與「本」，既是詞性相同，又是意義相反之對偶；但皆是仄聲，平仄不協調，屬於寬對。

又如〈哀弔〉云：

> 原夫哀辭大體，情主於痛傷，而辭窮乎愛惜。

此言哀文寫作之體式。「情」與「辭」，雖是詞性相同，但皆爲平聲，平仄不協調，此乃寬對。「於」對「乎」，雖然詞性相同，但皆爲平聲，平仄不協調，此乃寬對。「痛」對「愛」，既是詞性相同，又是意義相反之對偶；但皆爲仄聲，平仄不協調，此乃寬對。

(二)嚴對

所謂嚴對，是指在語文中，兩兩相對，必須詞性相對，平仄相對之一種修辭手法。《文心雕龍》原文運用嚴對者，不乏其例。例如〈神思〉云：

夫神思方運，萬塗競萌，規矩虛位，刻鏤無形，登山則情滿於山，觀海則意溢於海，我才之多少，將與風雲而並驅矣。方其搦翰，氣倍辭前，暨乎篇成，半折心始？何則？意翻空而易奇，言徵實而難巧也。

此言運思之狀況及馳騖其思之弊。「意翻空而易奇」對「言徵實而難巧」，係反對。「意」對「言」，既是詞性相同，又是平仄協調之對偶，係嚴對。「翻」對「徵」，僅是詞性相同之寬對。「空」對「實」，既是詞性相同，又是平仄協調，亦是意義相反之嚴對。「易」對「難」，既是詞性相同，又是平仄協調，亦是意義相反之嚴對。「奇」對「巧」，既是詞性相同，又是平仄協調，亦是意義相反之嚴對。又如〈知音〉云：

才實鴻懿，而崇己抑人者，班、曹是也。

此言文學批評之蔽障，在於崇己抑人。劉勰以爲貴古賤今，崇己抑人、信僞迷眞，皆爲文學批評之蔽障。「崇己抑人」，係反對。「崇」對「抑」，既是詞性相同，又是平仄協調，亦是意義相反之對偶。「己」對「人」，既是詞性相同，又是平仄協調，亦是意義相反之對偶。職是之故，「崇己抑人」，既是反對，又是嚴對。

五、結語

《文心雕龍》原文運用反對之類型，有三大類型：依句型分類，分爲當句對、單句對、隔句對、長偶對四類。依內容分類，分為有無、難易、遠近、古今、中外、上下、多少、往來、新舊、正邪、輕重、去留、幽顯、疏密、優劣、貧富、深淺、人己、眞僞、同異、本末等二十一類。依寬嚴分類，分為寬對、嚴對兩類。不論依句型、內容、寬嚴分類，或就整體文句闡析，或就部分詞語析論。囿於篇幅，每一小類之例證，不克逐一詮證，僅舉部分文句，加以闡論。

【附　註】

①引文自此以下，逕稱篇名，不再引書名。

【參考書目】

修辭學發凡　陳望道　文史哲出版社

修辭學　黃師慶萱　三民書局

修辭析論　董季棠　文史哲出版社

修辭學　沈　謙　國立空中大學

《文心雕龍》中「道」字的涵義

蔡宗陽

一、前言

《文心雕龍》中的「道」字，雖有沈謙①、陳兆秀②、馮春田③三位學者撰文論述，但各照隅隙，鮮觀衢路，是以本文擬將《文心雕龍》全書，作地毯式蒐集，再加以分析、比較、歸納，深入闡釋。

《文心雕龍》全書，使用「道」字者，有〈原道〉七句，〈徵聖〉一句，〈宗經〉三句，〈正緯〉一句，〈明詩〉二句，〈祝盟〉、〈銘箴〉、〈誄碑〉各一句，〈哀弔〉三句，〈雜文〉二句，〈史傳〉一句，〈諸子〉七句，〈論說〉一句，〈封禪〉二句，〈啓奏〉、〈議對〉、〈體性〉、〈情采〉、〈比興〉各一句，〈夸飾〉、〈指瑕〉各二句，〈養氣〉、〈附會〉、〈總術〉、〈才略〉、〈序志〉各一句④；共二十六篇，計四十七句。茲依據上下文，斟酌文情，仔細推敲，分爲普通用語、特殊用語兩大類，再各分爲若干小類，加以闡析。

二、普通用語

《文心雕龍》使用「道」字，作爲普通用語者，可以再分爲下列若干小類：

㈠「道」字是「道路」、「途徑」、「方法」之意。例如《文心雕龍・銘箴》：

矢言之道蓋闕，庸器之制久淪，所以箴銘寡用，罕施後代。

此謂正直言語規諫的正道缺少，在器物上記功的制度久廢，因此箴銘很少用，後代也很少用它。⑤「矢言之道」之「道」字，含有「道路」、「途徑」、「方法」之意。又如〈哀弔〉：

或驕貴以賀身，或狷忿以乖道，或有志而無時，或行美而兼累，追而慰之，並名為弔。

此言有些人因驕奢過度而喪失生命，如秦二世胡亥；有些人因狷介忿激而乖違正道，如楚國屈原；有些人因胸懷壯志而生不逢時，如東漢張衡；有些人因身負奇才而有失德之累，如魏武帝曹操。後人為了追念他們，因此作文弔慰他們。這類文章，都叫做弔祭文。其中「乖道」之「道」字，也是含有「道路」、「途徑」、「方法」之意。又如〈哀弔〉：

及晉築虒臺，齊襲燕城，史趙蘇秦，翻賀為弔，虐民搆敵，亦亡之道。

此言晉平公築虒祁宮，是勞民傷財，而鄭國宰相游吉卻前往道賀。晉太史史趙，認爲此事是可弔，而非可賀。又如齊宣王趁燕國辦理喪事時，攻下燕國十城，以後蘇秦游說齊國，先賀其取得燕國十城，後弔其將結怨秦國。這種虐待人民，製造仇敵的方法，也是亡國之道。「亦亡之道」之「道」字，也含有「道路」、「途徑」、「方法」之意。此外，又如〈史傳〉：「昔者夫子閔王道之缺，傷斯文之墜」、《封禪》：「雖復道極數殫，終然相襲。」〈啓奏〉：「王道有偏，乖乎蕩蕩。」〈議對〉：「對策摛揚，大明治道。」〈體性〉：「因性以練才，文之司南，用此道也。」〈指瑕〉：「左思〈七諷〉說『孝而不從』，反道若斯，餘不足觀矣。」「若夫立文之道，惟字與義。」其中「王道」、「治道」、「此道」、「反道」、「立文之道」之「道」字，皆含有「道路」、「途徑」、「方法」之意。

㈡「道」字是「某種思想」、「學說」、「學理」之意。例如《文心雕龍．諸子》：

諸子者，入道見志之書。

此言諸子的作品，是探究思想，展現抱負的著述。「入道見志之書」的「道」字，是「思想」之意，也是「學說」、「學理」之意。又如〈諸子〉：

述道言治，枝條《五經》。

此言不管是闡析學理，或論述治術，都是《五經》的枝葉條幹。「述道言治」的「道」字，是「學理」之意，也是「思想」、「學說」之意。又如《諸子》：

嗟夫！身與時舛，志共道申。

此言諸子百家自身雖然和當時潮流不合，可是他們的志趣和學說，卻在他們的著作中，得到申說。⑥「志共道申」的「道」字，是「學說」之意，也是「思想」、「學理」之意。此外，又如〈諸子〉：「至鬻熊知道，而文王諮詢。」「立德何隱？含道必授。」〈才略〉：「諸子以道術取資，屈、宋以《楚辭》發采。」「知道」、「道術」的「道」字，都是「思想」、「學說」、「學理」之意。

㈢「道」字是「道家思想」之意。例如《文心雕龍．明詩》：

及正始明道，詩雜仙心。

此言魏廢帝正始年間，玄學漸盛，學者推崇老莊思想，加以發揚光大，當時蔚成風氣，因此詩歌的內容，含有道家思想，雜有成仙得道的心。「及正始明道」的「道」字，是「道家思想」之意。又如〈諸子〉：

孟軻膺儒以磬折，莊周述道以翱翔。

此言孟子服膺儒家思想，以恭謹的態度行事；莊子闡述道家思想，以達觀的心情逍遙自適。「莊周述道以翱翔」的「道」字，是「道家思想」之意。

㈣「道」字是「情理」、「文情」、「內容」、「義理」之意。例如《文心雕龍・附會》：

道味相附，懸緒自接。

此言文章的辭藻和情理，互相依附，紛雜的思緒，自然銜接如一。「道」，是指內容，也就是文情、義理。「味」，是指形式，也就是辭藻風格。⑦因此，「道味相附」的「道」字，是「情理」、「文情」、「內容」、「義理」之意。

㈤「道」字是「一般的規律或法則」、「道理」之意。例如《文心雕龍・祝盟》：

然義存則克終，道廢則渝始。

此言保存義理才能夠貫徹到底，道德廢了就會改變原來的盟約。「道廢則渝始」的「道」字，是「一般的規律或法則」之意。誠如馮春田所說：「道和德，道指一般的規律或法則，德指具體的事物之理。」⑧又如〈雜文〉：

身挫憑乎道勝，時屯寄於情泰。

此言東方朔〈客難〉、揚雄〈解嘲〉，其內容莫不是作者敘述身受挫折，但依靠道德來戰勝困苦；時世雖然艱難，卻能保持心情的舒泰。⑨「身挫憑乎道勝」的「道」字，是「一般的規律或法則」之意。

又如〈封禪〉：

夫正位北辰，嚮明南面，所以運天樞，毓黎獻者，何嘗不經道緯德，以勒皇蹟者哉？

此言天子治理天下，運用政權，推動國事，下撫民衆，化育賢能，莫不以道德爲依歸，來垂示皇上御宇的不朽政績。「何嘗不經道緯德」的「道」字，是「一般的規律或法則」。又如〈諸子〉：「及伯陽訪問，序道德，以冠百氏。」「道德」的「道」字，也是「一般的規律或法則」之意。此外，〈原道〉：「心生而言立，言立而文明，自然之道也。」「自然之道」的「道」字，是「道理」之意。張少康說：「『自然之道』之『道』字，即是一般說的『道理』之意。……此『道』字並非特殊術語。」⑩

(六)「道」字是「說」、「談」之意。⑪例如《文心雕龍．誄碑》：

論其人也，曖乎若可覿，道其哀也，悽焉如可傷，此其旨也。

此言作者論述死者生前的人品時，彷彿音容宛在，可以看見，說到生者的哀痛感情，就傷心欲絕，這是寫作誄文的要領。「道其哀也」的「道」字，是「說」、「談」之意。

(七)「道」字是「人名」之意。例如《文心雕龍・明詩》：

回文所興，則道原為始。

此言回文詩的興起，是道原所創始。陸侃如、牟世金說：「道原，可能是人名，所指不詳。明代梅慶生《文心雕龍音注》以爲『原』字是『慶』字之誤，『道慶』指宋代的賀道慶。……賀道慶之前已有回文詩出現，如東晉蘇蕙的〈璇璣圖詩〉等。《文心雕龍》中未講到過蘇蕙及其作品，可能劉勰當時還不知道。」⑫陸、牟二氏所言甚是。「道原爲始」的「道原」，是人名，但疑爲「道慶」之誤。

(八)「道」字是「言辭」、「文辭」、「文采」之意。例如《文心雕龍・養氣》：

夫三皇辭質，心絕於道華；帝世始文，言貴於敷奏。

此言三皇時代，語言質樸，根本沒有想到言辭、文辭的華麗；到了五帝才開始注重文采。「心絕於道華」的「道」字，是「言辭」、「文辭」、「文采」之意。

(九)「道」字是「傳統」、「作用」之意。例如《文心雕龍・比興》：

炎漢雖盛，而辭人夸毗，諷刺道喪，故興義銷亡。

此言漢朝的創作雖然興盛，但是辭賦作家喜歡阿諛諂媚，《詩經》諷刺的傳統喪失了，起興的手法也銷聲匿跡了。「諷刺道喪」之「道」字，是「傳統」之意，也可以解爲「作用」之意。周振甫《文心雕龍今譯》、陸侃如、牟世金《文心雕龍譯注》皆以「道」字爲「傳統」之意。王師更生《文心雕龍讀本》則以「道」字爲「作用」之意。二解皆可通，且上下文意亦可貫串。不論是說《詩經》諷刺的傳統喪失了，或是說《詩經》諷刺的作用銷聲匿跡，二者意義相通。

《文心雕龍》中的「道」字，作為普通用語者，經過分析、比較後，可以歸納為九小類：一是「道路」、「途徑」、「方法」之意，二是「某種思想」、「學說」、「學理」之意，三是「道家思想」之意，四是「情理」、「文情」、「內容」、「義理」之意，五是「一般的規律或法則」、「道理」之意，六是「說」、「談」之意，七是「人名」之意，八是「言辭」、「文辭」、「文采」之意，九是「傳統」、「作用」之意。

三、特殊用語

《文心雕龍》中的「道」字，除普通用語有九種不同的涵義外，還有特殊用語又可以分為「文學藝術源於自然規律的自然」，「儒家聖人經典所體現的自然」兩小類。

㈠「道」字是「文學藝術源於自然規律的自然」之意。例如《文心雕龍．原道》：

> 文之為德也，大矣！與天地並生者，何哉？夫玄黃色雜，方圓體分，日月疊璧，以垂麗天之象；山川煥綺，以鋪理地之形；此蓋道之文也。

此言天文如日、月，地理如山、川，都是源於自然規律所產生的文采。劉勰從「自然規律」探究日、月、山、川的「道之文」，再進一步討論人參天地，「心生而言立，言立而文明」的「人之文」，也可以叫做「情文」；又研討龍鳳藻繪，虎豹凝姿，雲霞雕色，草木賁華的「物之文」，也可以稱為「形文」；再深入探討林籟結響，泉石激韻的「聲之文」，也可以簡稱「聲文」。⑬不論是情文、形文、聲文，都是根源於自然的規律。因此，〈原道〉說：「文之爲德也，大矣！與天地並生。」〈情采〉也說：「立文之道，其理有三：一曰形文，五色是也；二曰聲文，五音也；三曰情文，五性是也」。這更具體地呈現文學藝術根源於自然規律的道理。因此，「道」字是「文學藝術根源於自然規律的自然」之意。又如〈序志〉：

蓋《文心》之作也，本乎道。

此言《文心雕龍》的寫作體例，乃是本於自然。「本乎道」之「道」字，是指文學源於自然。此自然是上自天文，下至地理，而人文參立其中，與韓愈「文以貫道」、柳宗元「文以明道」、周敦頤「文以載道」、朱熹「文便是道」的儒家之道，是截然有別的。⑭

(二)「道」字是「體現自然之道的儒家聖人經典之道」之意。例如《文心雕龍・宗經》：

經也者，恒久之至道，不刊之鴻教也。故象天地，效鬼神，參物序，制人紀，洞性靈之奧區，極文章之骨髓者也。

此言經的意義，是永久不變，至高無上的眞理；經的作用，是效法天地的文理，檢驗鬼神的靈明，深究事物順序，制定人倫的紀綱，深察人性精微深奧的地方，探索文章創作的精華。因此，「恆久之至道」的「道」字，是指能體現自然之道的儒家聖人經典之道；換言之，是聖人述道的經典，既是永恆不變的眞理，又是不可磨滅的偉大教誨。又如〈雜文〉：

> 唯〈七厲〉敘賢，歸以儒道，雖文非拔群，而意實卓爾矣。

此言馬融撰〈七厲〉，敘述賢良，以儒家聖人經典之道爲依歸，雖文辭並非出類拔萃，但揭示的意旨，卻是卓然特立，不同凡響。「歸以儒道」之「道」字，是指能體現自然之道的儒家聖人經典之道。⑮此外，如〈原道〉：「道心惟微，神理設教。」〈宗經〉：「然而道心惟微，聖謨卓絕。」〈正緯〉：「沛獻集緯以通經，曹褒撰讖以定禮，乖道謬典，亦已甚矣。」〈夸飾〉：「夫形而上者謂之道。」〈總術〉：「常道曰經，述經曰傳。」這些詞句中的「道」字，也是指能體現自然之道的儒家聖人經典之道。

《文心雕龍》中的「道」字，作爲特殊用語者，經過分析、比較後，可以歸納爲兩小類：一是「文學藝術源於自然規律的自然」之意，二是「體現自然之道的儒家人經典之道」之意。

四、結論

《文心雕龍》中「道」字的涵義，分爲普通用語、特殊用語兩大類。「道」字作爲普通用語者，有九種意義，也是常見義。這九種意義是：㈠「道路」、「途徑」、「方法」之意。㈡「某種思想」、「學說」、「學理」之意。㈢「道家思想」之意。㈣「情理」、「文情」、「內容」、「義理」之意。㈤「一般的規律或法則」、「道理」之意。㈥「說」、「談」之意。㈦「人名」之意。㈧「言辭」、「文辭」、「文采」之意。㈨「傳統」、「作用」之意。「道」字作爲特殊用語者，有兩種意義，也是《文心雕龍》中的特殊義。這兩種意義是：㈠「文學藝術源於自然規律的自然」之意。㈡「體現自然之道的儒家聖人經典之道」之意。因此，《文心雕龍》中「道」字的涵義，共有十一種不同的意思。

【附註】

①沈謙《文心雕龍批評論發微》論「道」字的涵義，見於該書頁二十九至三十九，聯經出版事業公司印行，民國六十六年五月初版；又見於沈謙《文心雕龍之文學理論與批評》，頁二十二至三十二，華正書局印行，民國七十九年七月再版。

②陳兆秀《文心雕龍術語探析》論「道」字的涵義，見於該書頁七十九至八十八，文史哲出版社印行，民國七十五年五月初版。

③馮春田《文心雕龍語詞通釋》論「道」字的涵義，見於該書頁四〇二至四〇三，明天出版社印行，民國七十九年十月初版。

④臚列《文心雕龍》使用「道」字的篇名順序，是依照《文心雕龍》原來的順序，以便檢視。若依照使用「道」字的少多作爲順序，則有〈徵聖〉、〈正緯〉、〈祝盟〉、〈銘箴〉、〈誄碑〉、〈史傳〉、〈論說〉、〈啓奏〉、〈議對〉、〈體性〉、〈情采〉、〈比興〉、〈養氣〉、〈附會〉、〈總術〉、〈才略〉、〈序志〉各一句，〈明詩〉、〈雜文〉、〈封禪〉、〈夸飾〉、〈指瑕〉各二句，〈宗經〉、〈哀弔〉各三句，〈原道〉、〈諸子〉各七句，共二十六篇，計四十七句。

⑤ 闡述引文之大意，多半參閱王師更生《文心雕龍讀本》，文史哲出版社印行，民國七十三年三月初版。自此以下，若參閱王師之說不再加註。

⑥ 參閱周振甫《文心雕龍今譯》，頁一六二，北京中華書局印行，民國七十五年十二月初版。

⑦ 參閱陳兆秀《文心雕龍術語探析》，頁八十八。

⑧ 見馮春田《文心雕龍語詞通釋》，頁四〇三。

⑨ 參閱周振甫《文心雕龍今譯》，頁一二五。

⑩ 見齊魯書社編《文心雕龍學刊》第一輯，頁一五八至一五九，齊魯書社印行，民國七十二年七月初版。

⑪ 見馮春田《文心雕龍語詞通釋》，頁四〇二。

⑫ 見陸侃如、牟世金《文心雕龍譯注》，頁七十一，齊魯書社印行，民國七十年三月初版。

⑬ 參閱陳兆秀《文心雕龍術語探析》，頁七十九。

⑭ 參閱陳兆秀《文心雕龍術語探析》，頁八十一。

⑮ 參閱陳兆秀《文心雕龍術語探析》，頁八十六。

【參考書目】舉隅

文心雕龍研究　王師更生　文史哲出版社

文心雕龍讀本　王師更生　文史哲出版社

文心雕龍批評論發微　沈謙　聯經出版事業公司
文心雕龍文學理論與批評　沈謙　華正書局
文心雕龍術語探析　陳兆秀　文史哲出版社
文心雕龍文論術語析論　王金凌　華正書局
文心雕龍語詞通釋　馮春田　明天出版社
文心雕龍今譯　周振甫　北京中華書局
文心雕龍譯注　陸侃如　牟世金　齊魯書社
文心雕龍學刊第一輯　齊魯書社編　齊魯書社
文心雕龍選析　祖保泉　安徽教育出版社
文心雕龍新書　王利器　成文出版社
文心雕龍選　穆克宏　福建教育出版社
文心雕龍選注　周康燮　香港龍門書店
文心雕龍義證　詹金英　上海古籍出版社
文心雕龍文學理論研究和譯釋　杜黎均　曉園出版社

《文心雕龍研究》新舊版本之比較

——爲感念　王師更生七秩嵩壽而作

一、前　言

王師更生潛心鑽研《文心雕龍》數十年，著作等身，大陸《文心雕龍》學者引用其說法者甚夥，目前臺灣《文心雕龍》學者研究之勤，著作之多，王師可謂佼佼者。

王師於民國六十五年三月撰《文心雕龍研究》，以此書順遂升教授，眞是可喜可賀！王師鑽研學術之勤，馳名遐邇，於民國六十八年五月重修增訂《文心雕龍研究》，費三年時光修訂，是年榮獲中正文化獎。古人云：「前修未密，後出轉精。」王師精益求精，不斷創新，日新又新，其研究精神，令人既感動又佩服。今（八十六）年適值王師七秩嵩壽，茲比較王師《文心雕龍研究》新舊版本之異同，以資紀念，並感謝師恩比山高、比海深。

二、板本書影之比較

研究學術，首重板本。板本之良窳，繫乎學術研究之成果。王師裒集《文心雕龍》之板本，不遺餘力。初版《文心雕龍研究》之板本書影，搜羅十張重要板本書影；重修增訂版《文心雕龍研究》之板本書影，蒐集十二張重要板本書影。

《文心雕龍研究》新舊版之板本書影相同者，有唐寫《文心雕龍》殘卷宗經第三、明弘治甲子吳門本《文心雕龍》首頁，第一行下欄有「明楊鳳印」方章一顆（國立故宮博物院藏）、明弘治甲子吳門本《文心雕龍》底頁，除名家藏書印章外，有「吳人楊鳳繕寫」字樣（國立故宮博物院藏）、明萬曆己卯張之象本《文心雕龍》原道第一徵聖第二（用上海涵芬樓版，臺灣商務印書館四部叢刊初編縮本），明天啓二年梅氏第六次校定楊升菴先生批點《文心雕龍》金陵聚錦堂刊本首頁（國立中央圖書館藏）、明嘉靖庚子新安本，即歙邑汪一元校刻本《文心雕龍》首頁（國立中央圖書館藏）、明萬曆壬子吳興凌雲刊五色套印本《文心雕龍》首頁（國立中央圖書館藏）、明萬曆鍾惺所輯秘書九種之一金門擁萬堂刊本《文心雕龍》首頁（國立故宮博物院藏）等八張。

《文心雕龍研究》新舊版相異之板本書影，新版有而舊版無者，有明萬曆壬子豫章梅氏刊刻楊升菴先生批點《文心雕龍》五色圈點本首頁（國立中央圖書館藏）、明萬曆壬午勾餘胡氏刊兩京遺編本《文心雕龍》首頁（中央研究院史語所傅斯年圖書館藏）等兩張。新舊版皆有而同中有異者：新版第七張板本書影「明萬曆己酉王惟儉訓故本《文心雕龍》首頁（原書現藏日本京都大學漢文部）」與舊版第五張上爲「明萬曆己酉河南王惟儉訓故本《文心雕龍》原道第一、封禪第二十一」比較，則原道

第一部分相同，而封禪第二十一卻是舊版所無；此其一也。新版第十二張板本書影「日本享保十六年岡白駒校正句讀本《文心雕龍》首頁①（原書現藏日本京都大學漢文部）」與舊版第五張下爲「日本享保十六年（西元一七三一）清世宗雍正九年岡白駒校正句讀本《文心雕龍》原道第一、封禪第二十一」比較，則原道第一部分相同，而封禪第二十一卻是舊版所無；此其二也。此外，尙有新版無而舊版有之重要書影，則爲舊版第六張書影，上爲「明王惟儉《文心雕龍》訓故本上下兩册之封面裝訂情形」，下爲「日本國岡白駒《文心雕龍》校正句讀本上下兩册之封面裝訂情形」。舊版第五張書影雖然內容多，但影印比較模糊；新版第七、十二張書影，雖然內容少，但影印比較清晰。

《文心雕龍研究》新舊版之板本書影相同者有八張，然新版有而舊版無者有兩張，新舊版皆有而同中有異者有兩部分，舊版有而新版無者，僅有一張耳。

三、徵引著述之比較

《文心雕龍研究》徵引各家著述，就總數而言，舊版徵引書目有一九一，而新版則爲二百，新版比舊版多九。新版有而舊版無者，例如：葉長青《文心雕龍雜記》（福州職業中學印刷廠印行）、高師仲華《高明文輯》下册（黎明文化事業公司印行）、莊雅洲《曾國藩文學理論述評》（手鈔自印本、臺灣師大國立研究所碩士論文）、韋勤克等著、王夢鷗等譯《文學論》（志文出版社印行）、唐師士毅《桐城文派新論》（現代書局股份有限公司印行）、鍾應梅《文論》（臺灣學生書局印行）、金秬香《駢文概論》（臺灣商務印書館人人文庫本）、郭象升《文學研究法》（正中書局印行）、姚永樸《文學研究法》（廣文書局印行）等九本書。此外還有徵引著述，舊版逕引全名而新版則僅稱姓氏，例如：舊版的王利器《文心雕龍新書》（香港龍門書店印行），而新版則稱王某。又如舊版的郭晉稀《文心雕龍譯註十八篇》②（香港建文書局出版），而新版則稱郭某。陸侃如《文心雕龍述語用法舉例》（《文學評論》二期），新版《文心雕龍研究》則僅稱「陸某」。寇效信〈論風骨〉（《文學評論》六期），新版《文心雕龍研究》則僅稱「寇某」。李樹爾〈論風骨〉（香港匯文閣《文心雕龍研究論文集》），新版《文心雕龍研究》則僅稱「李某」。郭紹虞《中國文學批評史》（明倫出版社發行），而新版《文心雕龍研究》則僅稱郭某。陸侃如、馮沅君《中國文學史簡編》（臺灣開明書店印行），而新版《文心雕龍研究》則僅稱「陸某、馮某」③。王瑤《中古文學史論》（長安出版社發行），而新版《文心雕龍研究》則僅稱「王某」。此外，舊版《文心雕龍研究》第一一四本，新版則爲第一一五本，此書作者「束維之」，疑是「朱維之」之誤，可能手民誤植。「朱」、「束」，形近而訛。

四、新舊內容之比較

新舊版《文心雕龍研究》，就內容而言，有同有異。新舊版內容相同者，有第一章〈緒論〉、第二章〈梁劉彥和先生年譜〉、舊版的第四章〈文心雕龍板本考略〉與新版的第三章〈文心雕龍板本考〉，舊版的第五章與新版的第四章〈文心雕龍之美學〉、舊版的第七章與新版的第五章〈文心雕龍之史學〉、舊版的第八章與新版的第六章〈文心雕龍之子學〉、舊版的第九章與新版的第八章〈文心雕龍文體論〉、舊版的第十三章〈文心雕龍批評論〉與新版的第十章〈文心雕龍文評論〉、舊版的第十四章〈文心雕龍在中國文學史上之地位〉與新版的第十一章結論〈文心雕龍在「中國文學史」上之地位〉。但同中有異，舊版的第一章緒論，而新版的第一章除緒論外，增加副題——文心雕龍的回顧與前瞻。第二章〈梁劉彥和先生年譜〉之「譜後」，其副題不同，舊版是〈有關譜主史傳及後人研考文字摘錄〉，新版則爲〈劉勰史傳及後人研考文字節錄〉，「有關譜主」改爲「劉勰」，「摘錄」改爲「節錄」。「年譜」的副題——舊版的〈譜主生平行事之考訂〉，新版改爲〈譜主劉勰之生平行誼〉。在譜主下，加「劉勰」二字。「生平行事之考訂」改爲「之生平行誼」。舊版的第四章〈文心雕龍板本考略〉，新版刪掉「略」字；此章新版增加「選本十二種」。舊版的第五章與新版的第四章〈文心雕龍之美學〉，題目相同，但新舊版內容卻迥異，舊版的內容是前言、本文寫作的態度、文心雕龍之美學基礎、「自然美」與「人文美」、人文美發展的過程、文心雕龍美學的體用、文心雕龍美學之三條件、結語，而新版的內容卻是美學與文心雕龍、藝術的架構、美學的基礎、能量的涵藏、情意的表出、美感的回顧。舊版的第八章與新版的第六章文心雕龍之子學，其中內容之一——本文寫作的基本動因，新版改爲「寫作本文的動因」，刪掉「基本」二字，顚倒「本文寫作」爲「寫作本文」。舊版的第九章與新版的第八章文心雕龍文體論，其中內容之一——本文寫作的緣前，新版改爲「前言」，比較簡明。舊版的第十三章文心雕龍批評論與新版的第十章文心雕龍文評論，將「批評論」改爲「文評論」，意義比較明確。其中內容之子題，略有更動，如舊版的「前言」改爲「文心雕龍批評論的全面性」，內容比較清晰；舊版的「文心雕龍批評論的基本主張」改爲「劉彥和的基本主張」，文心雕龍批評論是劉彥和的理論；舊版的「文心雕龍批評之理則」改爲「批評的理則」，詞簡意賅；舊版的「批評家應有的學養」改爲「批評家應有的素養」，將「學」字改爲「素」字；此外，新版增加「批評的避忌」、「文學批評的外緣問題」。新版的第十四章文心雕龍在中國文學史上之地位與舊版的第十一章結論（文心雕龍在「中國文學史」上之地位），舊版增加「結論」二字。

新舊版《文心雕龍研究》內容也有不同，如舊版有而新版無者，舊版第三章文心雕龍史志著錄得失平議、第六章文心雕龍之經學、第十章文心雕龍風格論、第十一章文心雕龍風骨論、第十二章文心雕龍聲律論等五章。又如新版有而舊版無者，新版的第七章文心雕龍「文原論」、第九章文心雕龍「文術論」等二章。此外，新版有重修增訂「文心雕龍研究」序，闡述增訂之緣起及內容。舊版「文心雕龍研究」有十四章，而新版則僅有十一章；但舊版只有四三八頁，而新版卻有四七一頁。章數雖然新版比舊版少，但內容卻新版比舊版多。

五、結　論

王師《文心雕龍研究》新舊版本，雖有同有異，但各有千秋。若能將二書之特色，重新組合如下：

序、第一章緒論、第二章劉彥和先生年譜、第三章文心雕龍板本考、第四章文心雕龍文原論、第五章文心雕龍文體論、第六章文心雕龍文術論、第七章文心雕龍文評論、第八章文心雕龍之經學、第九章文心雕龍之史學、第十章文心雕龍之子學、第十一章文心雕龍之美學、第十二章文心雕龍風格論、第十三章文心雕龍風骨論、第十四章文心雕龍聲律論、第十五章結論、附錄文心雕龍史志著錄得失平議、參考書目，則可以推出一部新著，書名可命爲《最新修訂文心雕龍研究》。此書編排的次第，不止先談作者，再論板本，也先依全書體例，闡述文原、文體、文術、文評，再依經、史、子及其他，析論其內涵。如此，則綱舉目張，井然有序。

【附　註】

① 「日本享保十六年」中之「享」字，新版《文心雕龍研究》誤植爲「京」字，形近而訛。

② 「郭晉稀」之「晉」字，舊版《文心雕龍研究》誤植爲「普」字。

③ 「陸某」二字，新版《文心雕龍研究》誤植爲「劉某」二字。

由劉勰六觀析論《文心雕龍》

前　言

沒有實踐的理論是空洞理論，沒有理論的實踐是盲目的實踐。劉勰不僅是文學理論家、文學批評家、文學思想家，並且是文學實踐家。

劉勰係奇人，《文心雕龍》係奇書，奇人撰奇書，《文心雕龍》成爲一部體大慮周，籠罩群言，陶冶萬彙，組織千秋的不朽名著，既是文學理論的精心傑作，又是文學批評的專門著作。本文擬以劉勰《文心雕龍．知音》①的六觀詮證《文心雕龍》原文是否符合自己的文學理論。所謂六觀，是指觀位體、觀置辭、觀通變、觀奇正、觀事義、觀宮商。茲逐項闡論之。

一、觀位體

「觀」，是「觀察」之意。「位」，是「安排」之意。「體」字有狹義、廣義之分。狹義之「體」字，是指「體裁」或「體類」，這是一般的釋義。廣義之「體」字，是指「體類、體製、體勢」三項，這是王禮卿先生的詮釋②。就狹義而言，所謂「觀位體」，是指觀察「設情以位體」做得如何，看看是否根據作者所要表達的思想、感情來安排文章的體裁，是否根據體裁明確了規格要求③。如劉勰於〈封禪〉闡述封禪文寫作要領，提出「構位之始，宜明大體，樹骨於訓典之區，選言於宏富之路；使意古而不晦於深，文今而不墜於淺」，這是「位體」的狹義。就廣義而言，所謂「觀位體」，是指觀察體類、體製、體勢是否適合所居之位，而恬然相洽。「體類」之義，如〈明詩〉至〈諧讔〉是有韻之文，〈史傳〉至〈書記〉是無韻之筆。「體製」之義，正如〈附會〉所云：「夫才童學文，宜正體製：必以情志為神明，事義為骨鯁，辭采為肌膚，宮商為聲氣。」情志迥異，文體紛雜。「體勢」之義，誠如〈定勢〉所云：

章、表、奏、議，則準的乎典雅；賦、頌、歌、詩，則羽儀乎清麗；符、檄、書、移，則楷式於明斷；史、論、序、注，則師範於覈要；箴、銘、碑、誄，則體制於弘深；連珠、七辭，則從事於巧豔；此循體而成勢，隨變而立功者也。

典雅、清麗、明斷、覈要、弘深、巧豔，即「體勢」之義。章表奏議、賦頌歌詩、符檄書移、史傳序注、箴銘碑誄、連珠七辭，皆依體裁形成各種姿態，再由姿態變化而呈現其創作功效。諸文體各具特色，位體須擇其所宜，體製既安，務必精純④。「位體」二字，各家解說紛紜，除廣義、狹義外，另外一種詮釋，「位體」，指全文的結構布局；「觀位體」，是指觀察全文的整體架構是否安排妥當⑤。綜觀所述，「觀位體」，是指先觀察作者是否依照自己思想、感情來安排文體，再觀察其文學作品所呈現的文體是否符合全文的布局。

茲依「觀位體」，析論《文心雕龍》全書結構。《文心雕龍》全書五十篇，是依《周書．繫辭上》所云：「大衍之數五十，其用四十有九。」〈序志〉是緒論，與文用毫無關係，因此「其爲文用，四十九篇而已」⑥。〈原道〉至〈辨騷〉等五篇，爲文原論；〈明詩〉至〈書記〉等廿篇，係文體論；〈神思〉至〈總術〉等十九篇，是文術論；〈時序〉至〈程器〉等五篇，乃文評論；文原、文體、文術、文評都是文用，共計四十九篇。〈序志〉雖然不是文用，但卻是有控馭全書的作用，所謂「長懷〈序志〉以馭群篇」⑦是也。

再依「觀位體」，析論《文心雕龍》文原論之布局。〈序志〉云：

> 蓋《文心》之作也，本乎道，師乎聖，體乎經，酌乎緯，變乎騷，文之樞紐，亦云極矣。

「本乎道」，即〈原道〉；「師乎聖」即〈徵聖〉；「體乎經」即〈宗經〉；「酌乎緯」即〈正緯〉；「變乎騷」即〈辨騷〉。文原以〈宗經〉爲主，〈原道〉、〈徵聖〉係正面闡述文原，〈正緯〉、〈辨騷〉爲反面詮證文原；此五篇爲文原論，其布局縝密，層次分明。

最後依「觀位體」，析論《文心雕龍》文體論各篇全文之布局。〈序志〉云：

> 若乃論文敘筆，則囿別區分，原始以表末，釋名以章義，選文以定篇，敷理以舉統。

〈明詩〉至〈書記〉等二十篇文體論之全文布局，皆依「原始以表末，釋名以章義，選文以定篇，敷理以舉統」四大綱領。所謂「原始以表末」，是指闡述文體的起源和變遷。所謂「選文以定篇」，是指列舉文體的代表作家和作品。所謂「敷理以舉統」，是指闡論文體的作法和特徵。但四大綱領不盡統一，「原始以表末」和「釋名以章義」往往有前後顚倒的情況，「原始以表末」和「選文以定篇」，常常因行文之便，混合不分。如《論語》中的「論」爲例：「聖哲彝訓」至「聖意不墜」，爲「釋名以章義」；「昔仲尼微言」至「而研精一理者也」，乃「原始以表末」；「是以莊周齊物」至「寧如其已」，是「選文以定篇」；「原夫論之爲體」至「安可以曲論哉」，係「敷理以舉統」；這是全文布局依照四大綱領，但「原始以表末」與「釋名以章義」前後倒置。又如〈明詩〉之全文布局：「大舜云」至「有符焉爾」係「釋名以章義」；「人稟七情」至「而綱領之要可明矣」，爲「原始以表末」與「選文以定篇」兩者混合運用而不分；「若夫四言正體」至「故不繁云」，乃「敷理以舉統」；這也是全文依照四大綱領，但「原始以表末」與「敷理以舉統」，卻是混而不分。

通觀所論，依劉勰「觀位體」的文學批評方法，析論《文心雕龍》全書結構，、文體論、〈明詩〉、〈論說〉皆符合「觀位體」的文學批評理論。若依「觀位體」，析論《文心雕龍》各篇及各類文論亦符合劉勰的文學批評理論，因篇幅所囿，不克逐一闡析。

二、觀置辭

「置」，本是「放置」之意，再引申爲「鋪張」、「運用」。所謂「觀置辭」，是指觀察文學作品文辭藻飾的運用，不論謀篇、裁章、鍛句、鍊字，是否平穩妥貼；易言之，觀察文學作品字句修辭、篇章修辭是否恰到好處。誠如〈章句〉所云：

夫人之立言，因字而生句，積句而為章，積章而成篇。篇之彪炳，章無疵也；章之明靡，句無玷也；句之清英，字不妄也；振本而末從，知一而萬畢矣。

字、句、章、篇，是文章四重結構。句係由字組成，章係由句組成，篇係由章組成，因此用字、造句、裁章、謀篇之修辭，皆須表達妥貼。一篇文章之所以文彩煥發，是由於段落明潔清麗、句子清順雋美，用字明確精當。換言之，一篇佳作必須用字、造句、分段都四平八穩，適當妥貼。但評論文學作品須從謀篇、裁章，再到造句、用字。〈附會〉云：

總文理，統首尾，定與奪，合涯際，彌綸一篇，使雜而不越者也。若築室之須基構，裁衣之待縫緝矣。

觀置辭之大端，首在謀篇。謀篇之術，在於「務總綱領，驅萬塗於同歸，貞百慮於一致，使眾理雖繁，而無倒置之乖；群言雖多，而無棼絲之亂；扶陽而出條，順陰而藏跡，首尾周密，表裡一體」⑧。簡言之，謀篇之始，應先規畫大體，明立骨幹，首尾圓合，表裡如一；若謹知細節，而忽略全貌，必有倒置、棼亂之弊。茲以〈宗經〉為例，首段析論五經之重要，並詮釋「經」字之名義；次段先闡明《五經》之體製及其文學成就，再比較《尚書》、《春秋》行文之異同；三段由思想上，肯定《五經》之價值、影響；四段闡述文必宗經之理，並詮證後世文體源於《五經》；末段強調宗經之美，力挽流弊。〈宗經〉以《五經》之重要、體製、價值、影響，再論文必宗經，是以首尾相應，表裡一體。

題目是文章內容的縮小，文章內容是題目的放大。〈宗經〉是題目，《五經》之重要、體製、價值、影響及文必宗經，皆是文章的內容，文章內容與題目切合，誠屬篇章修辭之平穩妥當。《文心雕龍》其它各篇皆能妥當運用篇章修辭，限於篇幅，不克逐篇探析。

至於裁章造句，必先定章旨，再尋脈絡，正如〈章句〉所云：

> 句司數字，待相接以為用；章總一義，須意窮而成體。

章句之作用，在於控引情理。宅情謂之章，位言謂之句，章句在篇，如抽繭出絲，章章須首尾圓合，前呼後應，層次分明，是以搜句忌於顛倒，裁章貴於順序。茲以〈知音〉爲例，全文以文學批評爲主題，首段闡述文學批評之蔽障，在於貴古賤今、崇己抑人、信僞迷眞；次段詮證文學批評之蔽障，在於文情難鑒；三段析論文學批評之蔽障，在於知多偏好；四段闡明文學批評之方法，在於博觀、六觀；五段論述文學批評之訣竅，在於沿波討源；六段闡論見廣識遠之文學批評者多留意，必有所獲。全文六段皆扣緊文學批評加以論證，由文學批評之蔽障、方法、訣竅，至勸勉文學批評者多垂意，層次井然，而無顛三倒四之弊，章章扣緊篇旨，句句扣緊章旨，前後呼應，首尾縝密。

至如綴字原則，必先抉擇，劉勰在〈練字〉中云：

> 綴字屬篇，必須揀擇：一避詭異，二省聯邊，三權重出，四調單複。

爲文綴字，必須避免字體詭怪、半字同文、同字相犯、瘠字累句、肥字積文，是以善爲文者，富於萬篇，貧於一字，一字非少，相避爲難。《文心雕龍》之原文除舉詮證外，皆能忌用不常見生字難詞，同偏旁的字忌用太多，詞彙力求變化，切忌連用筆畫太多的字。

劉勰「觀置辭」，不止觀謀篇、裁章、造句、用字，亦觀各種修辭技巧。《文心雕龍》〈附會〉、〈章句〉、〈練字〉、〈鎔裁〉，論修辭技巧者有〈麗辭〉、〈比興〉、〈夸飾〉、〈隱秀〉、〈指瑕〉、〈事類〉等篇，《文心雕龍》原文運用修辭技巧有十六種之多⑨，其中運用譬喻技巧者甚夥，黃亦眞《文心雕龍比喻技巧研究》、劉榮傑《文心雕龍譬喻研究》全書皆詮證《文心雕龍》運用譬喻的修辭技巧⑩。茲舉一、二例，以闡析之。

〈麗辭〉言對偶，《文心雕龍》原文運用對偶者，如〈情采〉云：

> 苟馳夸飾，鬻聲釣世，此為文而造情也。

此言爲文而造情之狀況。其中「鬻聲釣世」，「鬻」對「釣」、「聲」對「世」，是句中對，又叫當句對。又如〈宗經〉：「正末歸本。」〈明詩〉：「感物吟志。」〈情采〉：「繁采寡情。」〈鎔裁〉：「游心竄句。」〈知言〉：「貴古賤今。」這些例句皆是句中對。又有單句對，又叫單對，如〈才略〉：「一朝綜文，千年凝錦。」「一朝」對「千年」，「綜」對「凝」，「文」對「錦」。又如〈神思〉：「疏瀹五藏，澡雪精神。」也是單句對。尚有隔句對，也叫扇對、扇面對，如〈原道〉：「雲霞雕色，有踰畫工之妙；草木賁華，無待錦匠之奇。」〈神思〉：「寂然凝慮，思接千載；悄焉動容，視通萬里。」

〈比興〉論譬喻，《文心雕龍》原文運用譬喻者，如〈原道〉云：

林籟結響，調如竽瑟；泉石激韻，和若球鍠。

就整體而言，是運用一個對偶；就部分而言，是運用兩個譬喻。「（林籟結響之）調」、「（泉石激韻之）和」是喻體，「如」、「若」是喻詞，「竽瑟」、「球鍠」是喻依，這是兩個譬喻中的明喻。又如〈宗經〉：「子夏歎《書》，昭昭若日月之代明，離離如星辰之錯行。」〈誄碑〉：「觀風似面，聽辭如泣。」〈附會〉：「絕筆斷章，譬舟之振楫；會詞切理，如引轡以揮鞭。」〈知言〉：「平理若衡，照辭如鏡。」也是運用兩個明喻。譬喻中的略喻，如〈事類〉：「山木為良匠所度，經書為文士所擇。」此言為文用事，貴在匠心。此句乃倒裝式略喻，原文當作「經書為文士所擇（如）山木為良匠所度」。省略喻詞，因此是略喻。譬喻中的借喻，如〈序志〉：「振葉以尋根，觀瀾而索源」原文當作「（探本窮源）（如）振葉以尋根，觀瀾而索源」，省略喻體、喻詞，所以是借喻。

三、觀通變

「通變」，是指通古變今；通指繼承方面，變指創新方面。所謂「觀通變」，是觀察文學作品的繼承與創新；易言之，觀察作者對傳統的會通與新變是否能夠推陳出新。作者不止須繼承傳統的優點，亦須因通求變，由變創新；因為文學與時更新，時代不同，文學亦異，而新變由於推陳，所謂「變則堪久，通則不乏」⑪，正如姚姬傳於〈劉海峰先生八十壽序〉所云：「為文章者，有所法而後能，有所變而後大。」劉勰《文心雕龍》揭櫫通古變今之理，談〈徵聖〉、〈宗經〉，俾讀者探本溯源，知有典範；論〈通變〉、〈辨騷〉，使作者另立新意，自成名家。茲就崇古宗經、酌今貴創、通古變今之項，逐項詮證。⑫

爲文的要訣，首在崇古宗經，擷取傳統的精華，這是「通變」之「通」，在於「繼承」。《文心雕龍》的文原論，以〈原道〉、〈徵聖〉、〈宗經〉爲本。〈原道〉所以推原文章之道，在於自然；〈徵聖〉所以徵法於聖哲，由於道不可見，唯聖哲知悉；而聖哲去世，無法徵信，惟「道沿聖以垂文」，是以可由〈宗經〉獲致，誠如〈序志〉所云：「唯文章之用，實經典枝條，五禮資之以成文，六典因以致用，君臣所以炳煥，軍國所以昭明，詳其本源，莫非經典。」崇古宗經，於文體，如〈宗經〉所云：

> 論說辭序，則《易》統其首；詔策章奏，則《書》發其源；賦頌歌讚，則《詩》立其本；銘誄箴祝，則《禮》總其端；記傳盟檄，則《春秋》為根。

後世文體源於《五經》。《文心雕龍》文體論皆以崇古宗經爲主，不是引用古人，便是援引經書，如〈明詩〉引用大舜云：「詩言志，歌永言。」這是援引古人之言。〈議對〉援引〈周書〉曰：「議事以制，政乃弗迷。」這是引用《尚書》之語。文原論也崇古宗經，如〈原道〉引用《易》曰：「鼓天下之動者存乎辭。」〈徵聖〉援引《書》云：「辭尚體安，不惟好異。」引用顏闔以爲：「仲尼飾羽而書，從事華辭。」文術論亦崇古宗經，如〈情采〉援引「韓非云：『豔乎辯說』，謂綺麗也。」〈麗辭〉引用《尚書》云：「滿招損，謙受益。」文評論也崇古宗經，如〈知音〉云：「昔屈平有言：

『文質疏內，衆可知余之異采』，見惟知音耳。」劉勰引用屈原之語，闡述欣賞特異之文采，只有靠知音之士。又，〈程器〉云：「〈周書〉論士，方之梓材，蓋貴器用而兼文采也。」此引用《尚書》之言，闡論「士先器識而後文藝」。

為文不特須崇古宗經，亦須酌今貴創，是「通變」之「變」，在於「創新」。漢賦、六朝駢文、唐詩、宋詞、元曲、明清小說，這是文學的演進，足見一代有一代的新作，因此為文既要繼承傳統，又要不斷創新，正如傅庚生《中國文學批評通論·自序》所云：「有志於文學創作者，首必求能多了解他人之作品，繼之以摹倣，終之以創作。」「了解他人之作品」、「摹倣」皆是「通變」的「通」，「創作」才能走向「通變」的「變」。獨「通」不足以「創作」，惟有「通」與「變」結合才能「創作」，表面上是由「通」，走向「變」，其實是「通」與「變」的結晶。劉勰有鑒於當時唯美主義風行，重文輕質，於是提倡文質並重。茲就《文心雕龍》書名而言，「文心」係文章的內容，「雕龍」則是文章的形式。就《文心雕龍》篇名而言，如〈情采〉、〈鎔裁〉，皆是文質並重。「情感」、「鎔意」，都是指文章的內容。「文采」、「裁辭」，皆是指文章的形式。六朝盛行駢文，劉勰認為「心生文辭，運裁百慮，高下相須，自然成對，奇偶適變，不勞經營」⑬。劉勰主張為文迭用奇偶，證之《文心雕龍》原文，如〈神思〉：「至精而後闡其妙，至變而後通其數，伊摯不能言鼎，輪扁不能語斤，其微矣乎！」(原)第一、二句，第三、四分句皆是「偶句」，但「微矣乎」則是「奇」句。該「奇」則「奇」，該「偶」則「偶」，一切順其自然。又如〈徵聖〉：「褒子產，則云：『言以足志，文以足言』；泛論君子，則云：『情欲信，辭欲巧。』此修身貴文之徵也。」末句爲「奇」句，其餘則是「偶」句，此亦順其自然耳。《文心雕龍》原文雖多是「偶」句，但「奇」句亦不鮮。如〈原道〉：「辭之所以能鼓天下者，迺道之文也。」〈宗經〉：「經也者，恒久之至道，不刊之鴻教也。」〈頌讚〉：「頌者，容也，所以美盛德而述形容也。」〈物色〉：「然屈平所以能洞鑒〈風〉、〈騷〉之情者，抑亦江山之助乎？」〈序志〉：「夫文心者，言為文之用心也。」

爲文不止崇古宗經，酌今貴創，更要通古變今。通古變今之法，〈通變〉云：

文律運用，日新其業。變則堪久，通則不乏。趨時必果，乘機無怯。望今制奇，參古宗法。

此言文學演進的必然趨勢。文學技巧之運用，在於參古宗法，望今制奇。參古定法，既是崇古宗經，也是繼承傳統；望今制奇，既是酌今貴創，又是推陳出新。劉勰《文心雕龍》運用「通變」者甚多，如〈辨騷〉云：

固知《楚辭》者，體憲於三代，而風雜於戰國，乃〈雅〉、〈頌〉之博徒，而詞賦之英傑也。觀其骨鯁所樹，肌膚所附，雖取鎔《經》者，亦自鑄偉辭。

此言屈原的《楚辭》，是善於「通變」的代表作。「雖取鎔《經》意，亦自鑄偉辭」，是傳統與創新結合的最好明證。又如〈哀弔〉云：「及潘岳繼作，實鍾其美。觀其慮贍辭變，情調悲苦，敘事如傳。結言摹，促節四言，鮮有緩句，故能義直而文婉，體舊而趣新，〈金鹿〉、〈澤蘭〉，莫之成繼也。」潘岳的哀辭，也是善於「通變」的代表。「體舊而趣新」，也是傳統與創新結合的最佳例證。

又如〈通變〉云：「黃、唐淳而質，虞、夏質而辯，商、周麗而雅，楚、漢侈而豔，魏、晉淺而綺，宋初訛而新。」由此九代六變之說，可見通古變今是文學的必然趨勢。今日的傳統是昨日的創新，今日的創新是明日的傳統，因此爲文不止要通古，也要變今。劉勰《文心雕龍》取材的態度，皆能本乎通古變今之道，正如劉勰所云：「品評成文：有同乎舊談者，非雷同也，勢自不可異也；有異乎前論者，非苟異也，理自不可同也。同之與異，不屑古今，擘肌分理，唯務折衷。」⑭所謂「折衷」者，通古變今也。

四、觀奇正

「奇正」有兩種含義：一是奇異與正常，一是新奇與雅正。⑮前者的「奇」，是對《離騷》型的浪漫主義而言，劉勰主張以「正」爲主，以「奇」爲副，要「酌奇而不失其貞（正）」⑯「執正以馭奇」⑰；後者的「奇」，是針對南朝追逐新奇的形式主義而言，劉勰反對「逐奇而失正」⑱。所謂「觀奇正」，是指觀察在奇與正的關係上處理得如何，是否能夠「執正以馭奇」，不致「逐奇以失正」。「正」是指文章的內容。「奇」是指文章的形式。《離騷》的辭藻「自鑄偉辭」，以致雖然「驚采絕艷」，但「取鎔《經》旨」，因此能夠「依《經》立義」，做到「酌奇而不失其貞，翫華而不墜其實」。⑲〈辨騷〉列舉《離騷》四項，同於經典，做到「逐奇而不失其正」，如「陳堯舜之耿介，稱禹湯之祗敬，典誥之體也；譏桀、紂之猖披，傷羿、澆之顛隕，規諷之旨也；虬龍以喻君子，雲蜺以譬譏邪，比興之義；每一顧而掩涕，歎君門之九重，忠怨之辭；觀此四事，同於〈風〉、〈雅〉者也。」〈辨騷〉又列舉《楚辭》各篇，本著「酌奇而不失其貞」的態度，如「〈騷經〉、〈九章〉，朗麗以哀志；〈九歌〉、〈九辯〉，綺靡以傷情；〈遠遊〉、〈天問〉，瑰詭而慧巧；〈招魂〉、〈大招〉，豔耀而采華；〈卜居〉標放言之致，〈漁父〉寄獨往之才。」

《文心雕龍》不止〈辨騷〉列舉《離騷》、《楚辭》做到奇正兼顧，華實並包，〈正緯〉也闡述緯書「事豐奇偉，辭富膏腴，無益經典，而有助文章」。「《經》正《緯奇》」，《緯》的「奇」雖然與《經》的「正」不合，但不能一味宗經去緯；因爲《緯》係「事豐奇偉，辭富膏腴」，就文學創作而言，卻是上好的文章材料，有助於文章。此外，其他各篇亦言及「奇正」，如〈夸飾〉云：

言峻則嵩高極天，論狹則河不容舠，說多則子孫千億，稱少則民靡孑遺；襄陵舉滔天之目，倒戈立漂杵之論。

前四分句出於《詩經》，後二分句源自《尚書》，此六分句皆夸飾，本乎「酌奇而不失其貞」；因爲此六分句夸飾不僅能做到「夸而有節，飾而不誣」，並且也能「酌《詩》、《書》之曠旨」。〈定勢〉云：

舊練之才，則執正以馭奇；新學之銳，則逐奇而失正；勢流不反，則文體遂弊。

〈夸飾〉列舉六例，皆能「執正以馭奇」，不致「逐奇而失正」。所謂「逐奇」，是指「儷采百家之偶，爭價一句之奇，情必極貌以寫物，辭必窮力而追新」⑳。所謂「失正」，是指「建言修辭，鮮克宗經」㉑。「鮮克宗經」的結果，如「壽陵餘子之學行於邯鄲，未得國能，反失故步」㉒，誠屬得不償失。「文能宗經」，具有六項優點：一是「情深而不詭」，二是「風清而不雜」，三是「事信而不誕」，四是「義貞不回」，五是「體約而不蕪」，六是「文麗而不淫」。㉓「情深」、「風清」、「義貞」屬於文章內容的「正」，「事信」、「體約」、「文麗」屬於文章形式的「奇」。爲文以「正」爲主，以「奇」爲副，正如〈情采〉所云：「桃李不言而成蹊，有實存也；男子樹蘭而不芳，無其情也。夫以草木之微，依情待實；況乎文章，述志為本。」文章當以述志爲本，爲文先「理正」，後「摛藻」，所謂「理定而後辭暢」㉔是也。又如〈鎔裁〉云：「情理設位，文采行乎其中。」「情理」是文章的內容，「文采」是文章的形式；這是闡述爲文以內容爲主，以形式爲副，所謂「綴文者情動而辭發」㉕是也。

創作文學作品以內容爲先，形式爲後，但批評文學作品則以形式爲先，內容爲後，誠如〈知音〉所云：「觀文者披文以入情。」內容與形式本是一體兩面，文學創作者先構思，再寫作，由無形的內容，走向有形的形式；而文學批評者先看到文章的形式，才知悉文章的內容；因此，〈體性〉云：「情動而言形，理發而文見。」沒有形式，那來內容？沒有文學作品，那來文學批評，所以〈知音〉云：「操千曲而後曉聲，觀千劍而後識器；故圓照之象，務先博觀。」文學批評的方法，先博觀形式，才洞悉內容。內容、形式雖有先後之分，但仍以內容爲主，形式爲副。若文不對題，即使形式再優美，亦無價值、無意義可言。若內容切合題旨，形式切合內容，內容亦有雅俗、廣狹、深淺之分，形式亦有新舊、良窳、美醜之別。職是之故，「觀奇正」必須兼顧內容的「雅正」、形式的「新奇」，以免偏頗。《文心雕龍》全書各篇形式之美多用駢偶，善用修辭，內容之美多有創見，富有價值。

五、觀事義

「事義」又叫「事類」，就是「典故」，也是「材料」，是指「據事以類義，援古以證今」㉖。所謂「觀事義」，是指觀察文學作品運用材料是否眞實允當，運用成語典故是否確實精當。〈事類〉云：

昔文王繇《易》，剖判爻位，既濟九三，遠引高宗之伐，明夷六五，近書箕子之貞；斯略舉人事，以徵義存也。至若胤義和，陳政典之訓，盤庚誥民，敘遲任之言；此全引成辭，以明理者也。

此言「事義」的運用有二：一是「略舉人事以徵義」，二是「全引成辭以明理」。前者是用古事，旨在援古事以證今情；後者是用成辭，旨在引彼語以明此義。

《文心雕龍》援古事者，如〈知音〉云：

昔〈儲說〉始出，〈子虛〉初成，秦皇漢武，恨不同時；既同時矣，則韓囚而馬輕，豈不明鑒同時之賤哉！至於班固、傅毅，文在伯仲，而固嗤毅云：『下筆不能自休。』及陳思論才，亦深排孔璋；敬禮請潤色，歎以為美談；季緒好詆訶，方之於田巴；意亦見矣。故魏文稱：『文人相輕。』非虛談也。至如君卿脣舌，而謬欲論文，乃稱：『史遷著書，諮東方朔。』於是桓譚之徒，相顧嗤笑。彼實博徒，輕言負誚，況乎文士，可妄談哉！

劉勰列舉秦始皇與韓非子、漢武帝與司馬相如的故事，闡述貴古賤今之理；又舉班固與傅毅、曹植與丁敬禮的故事，詮證崇己抑人之理；再舉樓護的故事，說明信偽迷眞之理：這是援引古事，以證驗意義的最好印證。援引古書，又如〈神思〉云：

相如含筆而腐毫，揚雄輟翰而驚夢，桓譚疾感於苦思，王充氣竭於思慮，張衡研京以十年，左思練都以一紀，雖有巨文，亦思之緩也。淮南崇朝而賦《騷》，枚皋」應詔而成賦，子建援牘如口誦，仲宣舉筆似宿構，阮瑀據鞍而制書，禰衡當食而草奏，雖有短篇，亦思之速也。

劉勰援引司馬相如、揚雄、桓譚、王充、張衡、左思等六人的故事，以闡論他們雖然創作鉅著長篇，但文思遲緩，又引用劉安、枚皋、曹植、王粲、阮瑀、禰衡等六人的故事，以闡明他們雖然創作短篇小品，但文思敏捷；這是援引古事，以證驗意義的最佳例證。又如〈史傳〉云：

自平王微弱，政不及雅，憲章散紊，彝倫攸斁。昔者夫子閔王道之缺，傷斯文之墜，靜居以歎鳳，臨衢而泣麟，於是就太師以正〈雅〉、〈頌〉，因魯史以修《春秋》，舉得失以表黜陟，徵存亡以標勸戒；褒見一字，貴踰軒冕，貶在片言，誅深斧鉞。然睿智幽隱，《經》文婉約，丘明同時，實得微言，乃原始要終，創為傳體。

劉勰舉孔子根據魯國歷史，撰《春秋》，寓褒貶，以闡述《春秋》的微言大義，制定紀傳的體制。

《文心雕龍》明引古人的言辭、古書的文辭，又暗用古書的詞句者甚夥。《文心雕龍》明引古人的言辭者，如〈辨騷〉云：

昔漢武愛《騷》，而淮南作傳，以為：『〈國風〉好色而不淫，〈小雅〉怨誹而不亂，若《離騷》者，可謂兼之。蟬蛻穢濁之中，浮游塵埃之外，皭然涅而不緇，雖與日月爭光可也。』班固以為：『露才揚己，忿對沉江；羿澆二姚，與左氏不合；崑崙懸圃，非《經》義所載；然其文辭麗雅，為詞賦之宗，雖非明哲，可謂妙才。』王逸以為：『詩人提耳，屈原婉順，《離騷》之文，依《經》立義，駟虬乘鷖，則時乘六龍；崑崙流沙，則〈禹貢〉敷土；名儒辭賦，莫不擬其儀表，所謂「金相玉質，百世無匹」者也。』及漢宣嗟歎，以為：『皆合經傳』揚雄諷味，亦言：『體同《詩．雅》』。

劉勰引用淮南王、王逸、漢宣帝、揚雄的言論，闡述《離騷》合乎經典。淮南王劉安從思想內容上肯定《離騷》義兼〈國風〉、〈小雅〉，可與日月爭光。王逸認為「《離騷》之文，依《經》立義」。漢宣帝以爲「皆合經傳」，揚雄也認爲「體同《詩．雅》」。王逸撰〈楚辭章句序〉，推衍劉安之說，特別申論「《離騷》之文，依《經》立義」，駁斥班固以爲《離騷》不合經傳的理論。又如〈風骨〉云：「魏文稱：『文以氣為主，氣之清濁有體，不可力強而致』；故其論孔融，則云：『體氣高妙』；論徐幹，則云：『時有齊氣』；論劉楨，則云：『有逸氣』。公幹亦云：『孔氏卓卓，信含異氣，筆墨之性，殆不可勝』；並重氣之旨也。」這也是引用古人的言辭，以徵驗意義的例證。

《文心雕龍》援引古書的文辭者，如〈附會〉云：「此《周易》所謂『臀無膚，其行次且』也。」又如〈徵聖〉云：「《易》稱：『辨物正言，斷辭則備。』」暗用古書的詞句者甚多，如〈神思〉云：「形在江海之上，必存魏闕之下。」是暗用《莊子・讓王》：「身在江海之上，心居乎魏闕之下。」〈知音〉云：「日進前而不御，遙聞聲而相思。」是暗用《鬼谷子・內揵》的詞句。〈序志〉云：「生也有涯，無涯惟智。」是暗用《莊子・養生主》：「吾生也有理，而知也無涯。」〈正緯〉云：「河不出圖，夫子有歎。」是暗用《論語・子罕》：「子曰：『鳳鳥不至，河不出圖，吾已矣夫。』」〈明詩〉云：「三百之蔽，義歸無邪。」是暗用《論語・爲政》：「子曰：『詩三百，一言以蔽之，曰思無邪。』」《文心雕龍》各篇援引古人之言、古書之語及暗用古書的詞句，皆能運用得十分允當。

六、觀宮商

所謂「觀宮商」，一般是指觀察宮、商、角、徵、羽五音在詩賦等韻文是否調配得適當，在此指觀察文學作品的音節語調是否和諧鏗鏘。易言之，觀察文學作品的韻律節奏是否和諧。〈聲律〉云：

「夫音律所始，本於人聲者也。聲含宮商，肇自血氣，先王因之，以制樂歌。故知器寫人聲，聲非18.器者也。故言語者，文章關鍵，神明樞機，吐納律呂，脣吻而已。」

人所發出的聲音，含有宮、商、角、徵、羽五音，此五音來自人的血脈氣息。聲音既是文章的關鍵，又是神明的樞紐。劉勰論聲律，一是有形的平仄押韻，一是無形的自然旋律。「平仄」，就是〈聲律〉所謂「異音相從謂之和。」「押韻」，就是〈聲律〉所謂「同聲相應謂之韻。」《文心雕龍》各篇文句，多半平仄協調。如〈正緯〉云：「先《緯》後《經》。」「先緯」是「平仄」，「後經」是「仄平」，因此平仄協調。又如〈樂府〉云：「韶響難追，鄭聲易啟。」上句是「平仄平平」，下句是「仄平仄仄」，所以平仄也和諧。又如〈鎔裁〉云：「芟繁剪穢。」「芟繁」是「平平」，「剪穢」是「仄仄」，因此平仄也協調。又如〈程器〉云：「聲昭楚南，采動梁北。」上句是「平平仄平」，下句是「仄仄平仄」，所以平仄也和諧。平仄協調，音律自然和諧，正如〈聲律〉所云：「宮商大和，譬諸吹籥；翻迴取均，頗似調瑟。」

「觀宮商」不止可以觀察平仄和諧，也可以觀察押韻情形。《文心雕龍》各篇「贊曰」皆有押韻，韓耀隆〈文心雕龍五十篇贊語用語考〉㉗論述頗爲詳盡。茲舉數例，以詮證之。如〈徵聖〉云：

妙極生知，睿哲惟宰。.ag=引精理為文，秀氣成采。
鑒懸日月，辭富山海。
百齡影徂，千載心在。

「宰」，作亥切；「采」，倉宰切；「海」，呼改切；「在」，昨宰切；四字皆在《廣韻》上聲之十五海韻。又如〈諸子〉云：

丈夫處世，懷寶挺秀。
辯雕萬物，智周宇宙。

立德何隱，含道必授。
條流殊述，若有區囿。

「秀」，息救切；「宙」，直祐切；「授」，承19.切；「囿」，于救切；四字均見《廣韻》去聲之四十九宥韻。又如〈隱秀〉云：

文隱深蔚，餘味曲包。
辭生互體，有似變爻。
言之秀矣，萬慮一交。
動心驚耳，逸響笙匏。

「包」，布交切；「爻」，胡茅切；「交」，古肴切；「匏」，薄交切；四字皆在《廣韻》下平聲之五肴韻。又如〈物色〉：

山沓水匝，樹雜雲合。
目既往還，心亦吐納。
春日遲遲，秋風颯颯。
情往似贈，興來如答。

「合」，侯閤切；「納」，奴答切；「颯」，蘇合切；「答」，都合切；四字均見《廣韻》入聲之二十七合韻。又如〈序志〉：

生也有涯，無涯惟智。
逐物實難，憑性良易。
傲岸泉石，咀嚼文義。
文果載心，余心有寄。

「智」，知義切；「易」，以豉切；「義」，宜寄切；「寄」，居義切；四字皆在《廣韻》去聲之四十六徑韻。《文心雕龍》每篇「贊曰」皆四字八句，偶句入韻，平、上、去、入四聲韻均有運用。觀諸《文心雕龍》制作，宮商和諧，聲調抑揚，不止平仄協調，「贊曰」皆偶句押韻，正如〈聲律〉所云：「聲轉於吻，玲玲如振玉；辭靡於耳，纍纍如貫珠矣。」又云：「古之佩玉，左宮右徵，以節其步，聲不失序。音以律文，其可忽哉！」誠哉斯言。

文學作品的美感，不僅見諸情志、辭采，更藉資於聲和律諧，情韻悠揚，而平仄押韻是有形的聲律，又有無形的自然旋律。「聲有飛沈」㉘即平仄；「響有雙疊」㉙，即押韻。自然旋律，如〈原道〉云：「（人）為五行之秀氣，實天地之心，心生而言立，言立而文明，自然之道也。」又云：「林籟結響，調如竽瑟；泉石激韻，和若球鍠；故形立則文生矣，聲發則章成矣。」這是無形的自然旋律。《文心雕龍》各篇「贊曰」皆押韻，因此劉勰說：「綴文難精，作韻甚易。」㉚但各篇文句平仄協調者較難，所以劉勰說：「屬筆易巧，選和至難。」㉛所謂「和」，即平仄。「屬筆易巧」、「作韻甚易」，八字皆是仄聲，很難平仄和諧，此其明證。

結論

劉勰提出「六觀」爲文學批評的準則，《文心雕龍》原文多半能符合「六觀」；《文心雕龍》論及「六觀」相關理論，《文心雕龍》原文亦能實踐其理論。劉勰不愧是理論家兼實踐家，《文心雕龍》不愧是中國古代文學理論的秘寶。劉勰將「六觀」的理論，融入《文心雕龍》全書各篇、各詞句之中，誠屬理論與實踐合一，知行合一，這不止是劉勰的特色，亦是《文心雕龍》的特色。

【附註】

① 自此以下，引用《文心雕龍》原文或篇名，逕註篇名，不再冠上書名。
② 見王禮卿《文心雕龍通解》，頁八九二，黎明文化事業股份有限公司印行，民國七十五年十月初版。
③ 見詹鍈《文心雕龍義證》，頁一八五三，上海古籍出版社印行，民國七十八年九月初版。
④ 參閱沈謙《文心雕龍之文學理論與批評》，頁二一二，華正書局印行，民國七十九年七月再版。
⑤ 參閱王師更生《文心雕龍選讀》，頁四七五，巨流圖書公司印行，民國八十三年十月初版。
⑥ 見《文心雕龍．序志》。
⑦ 同註⑥。
⑧ 見《文心雕龍．附會》。

⑨ 詳見蔡宗陽〈文心雕龍的修辭技巧〉，此文收在日本九州大學中國文學會主編《文心雕龍國際學術研討會論文集》，頁一四六至一七一，文史哲出版社印行，民國八十一年六月初版〉

⑩ 黃亦眞《文心雕龍比喻技巧研究》，學海出版社印行，民國八十年二月初版。劉榮傑《文心雕龍譬喻研究》，前衛出版社印行，民國七十六年十一月初版。

⑪ 見《文心雕龍・知音》。

⑫ 參閱同註④，頁四十四至五十七。

⑬ 見《文心雕龍・麗辭》。

⑭ 同註六。

⑮ 參閱同註③，頁一八五四。

⑯ 見《文心雕龍・辨騷》。

⑰ 見《文心雕龍・定勢》。

⑱ 同註⑰。

⑲ 以上引文，同註⑯。

⑳ 見《文心雕龍・明詩》。

㉑ 見《文心雕龍・宗經》。

㉒ 事出《莊子・秋水》：「子獨不聞夫壽陵餘子之學行於邯鄲與？未得國能，又失其故行矣，直匍匐而歸耳。」

㉓ 以上引文，同註㉑。

㉔ 見《文心雕龍・情采》。

㉕ 同註⑪。

㉖ 見《文心雕龍・事類》。

㉗ 見黃師錦鋐等《文心雕龍研究論文集》，頁三十三至六十九，淡江文理學院（即今淡江大學）中文研究室印行，民國五十九年十一月初版。

㉘ 見《文心雕龍・聲律》。

㉙ 同註㉘。

㉚ 同註㉘。

㉛ 同註㉘。